코바늘로 만드는 손뜨개 인형 15

쿡 케이의
사랑스러운
동물친구들

쿡 케이 지음 · 김수영 옮김 · 정혜진 감수

지금이책

머리말

저는 아주 어릴 때부터 엄마가 재봉틀이나 뜨개질로 저와 제 동생들의 옷을 만드는 것을 보는 걸 정말 좋아했어요. 엄마는 무엇이든 될 수 있는 한 직접 만들었고, 그런 엄마를 보면서 저는 요리, 그림, 바느질 등 손으로 하는 일을 사랑하게 되었어요.
제가 처음으로 손뜨개용 코바늘을 잡은 것은 태어난 지 얼마 안 된 딸 안나에게 씌워줄 모자를 뜨기 위해서였어요. 2017년 12월이었지요.

그때부터, 조금은 우연으로, 손뜨개가 본업이 되었답니다. 2018년 5월 일본 뜨개 인형 아미구루미 만드는 법을 소개한 책 출간이 시작이었어요. 첫 책은 큰 반향을 불러일으키지 못했어요. 하지만 소품을 만들 때마다 제 테크닉은 점차 더욱 정교해졌고 계속 새로운 아이디어가 떠올랐어요. 아, 이 말은 꼭 하고 싶은데, 새로운 아이디어의 대부분은 무궁무진한 영감의 원천인 딸이 주었답니다! 새로운 책을 출간할 때마다 점점 더 많은 지지와 축하를 받게 되었고 덕분에 걸어온 길로 계속 나아갈 수 있는 힘을 얻었어요.
당연히 남편도 큰 도움이 되어주었어요. 이 지면을 빌려 고맙다는 말을 전하고 싶어요.
무엇보다도 저의 손뜨개 세상을 여러분과 나눌 수 있게 되어 무척 기쁩니다.

이 책에서 여러분은 아기고양이 모니 같은 반려동물부터 코끼리 엘리엇 같은 야생동물, 일본 홋카이도에 있는 눈만큼이나 새하얀 족제비 리주나처럼 잘 알려지지 않은 희귀동물까지 정말 다양한 동물을 만날 수 있어요. 총 15가지 동물로 구성했어요.

이 책 기법 파트의 단계별 사진과 설명을 보고 따라 하면서 차근차근 손뜨개를 익혀보세요. 그리고 손뜨개는 창조적인 취미라는 것을 기억하셨으면 해요. 여러분이 상상력을 발휘해서 저의 동물들을 취향에 맞게 조금 바꿔보기도 하면 좋겠어요. 무엇보다도 손뜨개를 통해 여러분이 꿈을 꾸고 동심으로 돌아가실 수 있기를, 이 작은 인형들에 사랑으로 생명을 불어넣어줄 수 있길 바랍니다.

즐거운 시간 보내세요!

-쿡 케이

차례

재료와 기법

도구와 재료 8

실 8

   뜨개실 8

   자수실 9

코바늘 9

나사눈 9

기본 키트 9

   돗바늘 9

   단수 표시링 10

   충전재 10

   블러셔와 브러시 10

   진주머리 시침핀 10

   가위 10

코바늘 손뜨개 기법 11

뜨개 기법 11

   사슬뜨기 11

   빼뜨기 11

   짧은뜨기 12

   긴뜨기 13

   한길긴뜨기 13

   두길긴뜨기 14

   팝콘뜨기 14

   코늘리기 15

   코줄이기 15

기본 기법 15

   매직링 만들기 15

   나선 원형 뜨기 17

   각 단을 닫으면서 원형뜨기 17

   사슬 시작코로 뜨기 18

   왕복뜨기 18

   앞 반코와 뒤 반코에 뜨기 19

   안과 밖 구분하기 19

   인형의 최종 크기 조절하기 19

   실 색상 바꾸기 20

   동일한 편물 연결하기 21

   앞 반코에 뜨기 22

   실을 잘라 작업 끝내기 22

   보이지 않게 사슬 연결하기 23

   남은 뜨개실 숨기기 23

   남은 코 닫기 24

   연결하기 24

설명은 어떻게 읽을까? 26

   약어와 기호 26

   설명 읽기 26

인형 만들기

곰
베리
31

강아지
보바
37

햄스터
치비
43

순록
디디
49

코끼리
엘리엇
57

복어
플러피
67

사자
조조
73

족제비
리주나
83

얼룩소
러키
89

첫째 토끼
미미
97

둘째 토끼
미티
105

고양이
모니
115

다람쥐
수수
123

거북이
테오
129

레서판다
제다
137

재료와 기법

도구와 재료

실

뜨개실

인형을 만드는 뜨개실은 정말 다양하기 때문에 여러분의 기호에 따라 고르면 됩니다.
실을 고를 때 중요한 것은 신축성이 없는지 확인하는 거예요.
실에 신축성이 없어야 솜으로 속을 채울 때 형태가 일그러지지 않거든요.

여러 종류의 실을 테스트해보고 자신에게 가장 적합한 실을 찾는 것이 좋아요.
이 책에서는 DMC사의 실을 사용했어요.

- 정교하게 뜨개질할 수 있는 네추라 저스트코튼Natura Just Cotton(50g, 155m)
- 단면 지름이 아미구루미를 뜨기에 안성맞춤인 해피코튼Happy Cotton(20g, 43m). 해피코튼은 43m짜리밖
  에 없어서 몇 타래가 필요할지 미리 예상하고 준비해두어야 해요.
- 메리노울로 짜인 고급 실로, 펄이 더해져 인형에 좀 더 특별한 효과를 줄 수 있는 울리시크Woolly Chic(50g,
  125m)

자수실

인형이나 작은 모티프의 눈(나사눈을 사용하지 않을 경우)과 코를 뜨기 위한 자수실도 필요해요. 이 책에서는
DMC의 브로더 스페셜Broder Special 25번사를 사용했어요.

코바늘

뜨개질하는 동안 손가락에 무리가 가지 않도록 질이 좋은 코바늘을 써야 해요. 제가 좋아하는 코바늘은 손잡
이가 넓고 플라스틱이라 손에 쥐기 쉬운 클로버Clover 코바늘이에요.
실타래에 표시된 호수보다 1~2호 작은 코바늘을 사용하면 편물이 좀 더 촘촘해져서 뜨개질이 끝나고 속을 채
울 때 구멍이 생기는 것을 막을 수 있어요.
저는 네추라 저스트코튼으로 뜰 때는 2.25mm 바늘을 사용하고, 해피코튼으로 뜰 때는 2.5mm 바늘을 사용
해요.

나사눈

시중에서 다양한 나사눈을 구입할 수 있는데 나사눈을 사용하면 느
낌이 좀 더 생생한 인형을 만들 수 있어요. 각각의 설명에 제가 추천
하는 나사눈 크기를 표시했습니다. 질이 좋은 나사눈을 사용해야 쉽
게 빠져 잃어버리는 일이 없어요. 저는 레이허Rayher 브랜드 제품을
사용해요.

권장사항

나사눈을 '안전눈'이라고 부르기는 하
지만 3세 이하 어린이가 가지고 놀 인
형을 만들 때는 반드시 자수실로 눈을
수놓아주세요.

기본 키트

돗바늘

뜨개질한 인형의 부분 편물들을 연결할 때 사용해요. 저는 아주 실용적인 클로버 돗바늘을 주로 써요.

단수 표시링

저는 머릿속으로 콧수를 세는 버릇이 있기 때문에 단수 표시링을 사용하지는 않아요.
하지만 단의 시작이나 끝에 링을 끼워 표시해주면 콧수를 제대로 셀 수 있으니 써보시길 권장해요. 클립이나
머리핀을 써도 좋아요. .

충전재

저는 저렴하고 구하기 쉬운 폴리에스테르 솜으로 속을 채워요. 면이나 모직물을 써도 좋아요.
인형을 만들 때 안감을 채우는 단계는 정말 중요해요. 예쁘고 모양이 잘 잡힌 인형을 만들려면 속을 단단하게
채워줘야 하거든요. 하지만 너무 많이 채워 넣으면 벌어진 코 사이로 솜이 보일 수 있으니 조심해야 해요.
뜨개질하는 중간중간에 솜을 넣어가며 만들고 있는 인형의 형태를 사진의 모델과 비교해보세요.

블러셔와 브러시

인형의 뺨에 브러시로 블러셔를 톡톡 발라서 발그레하게 해주면 더 생기 있어 보여요.

진주머리 시침핀

자수를 놓을 위치를 표시하거나 각기 다른 편물을 바느질로 연결하기 위해 고정할 때 아주 유용한 도구예요.
핀을 사용해 각 부분을 임시로 고정하면 재봉하기 전에 자리가 제대로 잡혔는지, 대칭이 맞는지 확인할 수 있
거든요. 마찬가지로, 핀으로 얼굴의 중앙을 표시해두면 인형의 눈과 입 또는 주둥이를 딱 알맞은 자리에 쉽게
수놓을 수 있어요.

가위

각 편물의 뜨개질이 끝날 때마다 실을 잘라주려면 가위는 필수예요.

추가 재료

가끔 좀 더 기발한 인형을 만들기 위해 단추나 리본, 천 조각을 추가
로 사용하곤 해요. 하지만 3세 이하 어린이를 위한 인형에는 단추 사
용을 피하시기 바랍니다.

코바늘 손뜨개 기법

뜨개 기법

사슬뜨기

1. 코에 바늘을 넣습니다(1).
2. 바늘에 실을 걸어 화살표 방향으로 한 번에 빼냅니다(2).

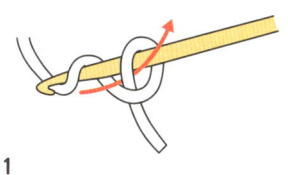

1

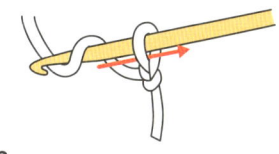

2

실 감기란?

바늘로 실을 한 번 감기만 하면 실 감기가 됩니다. 코에 바늘을 넣기 전이나 넣은 후에 실 감기를 하는데 아래로 감기와 위로 감기 중 선택할 수 있어요(12쪽 X형태 짧은뜨기에 두 가지 실 감기 그림이 있어요).

빼뜨기

1. 코에 바늘을 넣습니다(1).
2. 바늘에 실을 걸어 화살표 방향으로 한 번에 빼냅니다(2).

1

2

짧은뜨기

V형태 짧은뜨기

일반 짧은뜨기입니다.

1. 코에 바늘을 넣습니다(1).
2. 바늘에 실을 걸어 첫 번째 고리로 빼냅니다(2).
3. 바늘에 실을 한 번 더 걸어 2개의 고리를 한 번에 통과시켜 빼냅니다(3).

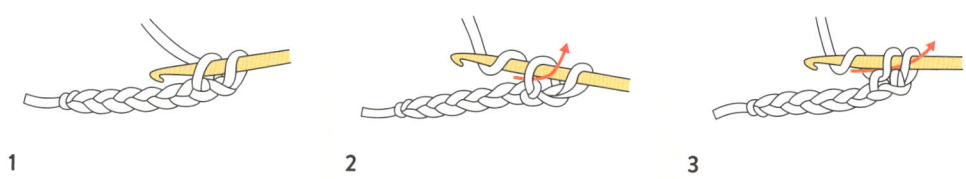

1   2   3

X형태 짧은뜨기

짧은뜨기를 하려면 두 번 실을 감게 되는데, 두 번 다 아래로 감으면 V형태 짧은뜨기가 되고 한 번은 아래로 (1), 한 번은 위로(2) 감으면 X형태 짧은뜨기가 됩니다. 제가 생각하기에는 X형태가 좀 더 촘촘하고 보기 좋은 것 같아요.

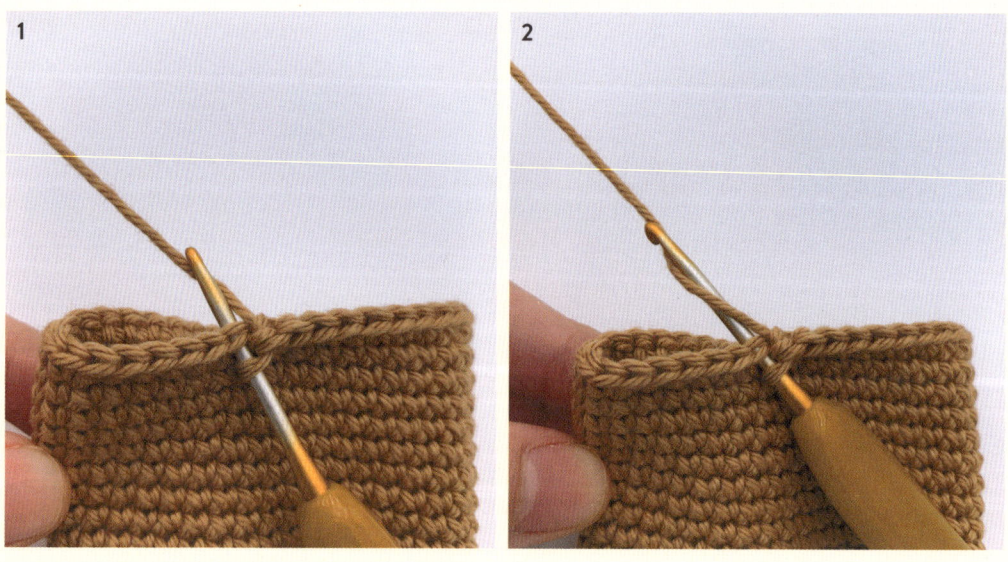

다음을 따라 X형태 짧은뜨기를 떠보세요.

1. 코에 바늘을 넣고 실을 아래로 한 번 감습니다.

2. 감은 실을 첫 번째 고리로 빼냅니다. 실을 위로 한 번 감아 2개의 고리를 한 번에 통과시켜 빼냅니다.

같은 바늘과 실로 같은 지시를 따라 뜬 V형태(왼쪽)와 X형태(오른쪽) 짧은뜨기입니다.

긴뜨기

1. 바늘에 실을 걸고 코에 바늘을 넣습니다(**1**).

2. 다시 바늘에 실을 걸어 첫 번째 고리로 빼냅니다(**2**).

3. 마지막으로 바늘에 실을 걸어 3개의 고리를 한 번에 통과시켜 빼냅니다(**3**).

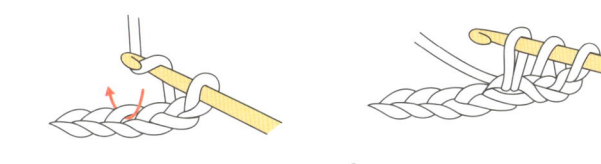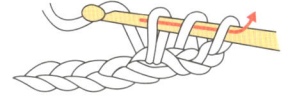

1   2   3

한길긴뜨기

1. 바늘에 실을 걸고 코에 바늘을 넣습니다(**1**).

2. 다시 바늘에 실을 걸어 첫 번째 고리로 빼냅니다(**2**).

3. 다시 바늘에 실을 걸어 앞 2개의 고리를 한 번에 통과시켜 빼냅니다(**3**).

4. 마지막으로 바늘에 실을 걸고 남은 2개의 고리를 한 번에 통과시켜 빼냅니다(**4**).

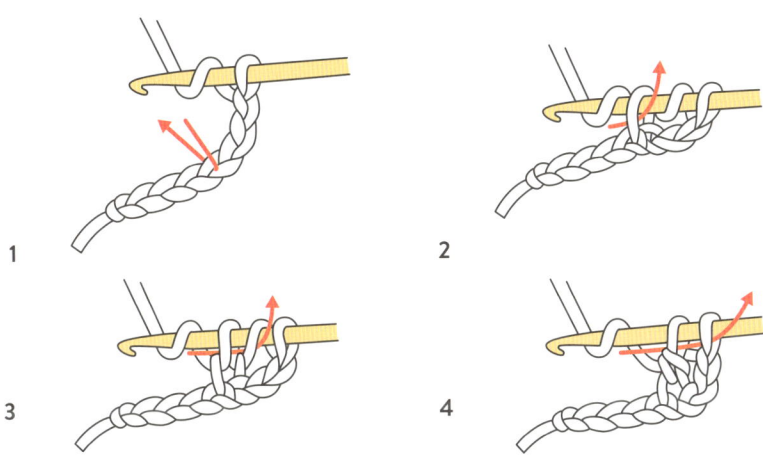

1   2

3   4

두길긴뜨기

1. 바늘에 실을 두 번 걸고 코에 바늘을 넣습니다(1).
2. 다시 바늘에 실을 걸어 첫 번째 고리로 빼냅니다(2).
3. 다시 바늘에 실을 걸고 앞 2개의 고리를 한 번에 통과시켜 빼냅니다(3).
4. 다시 한번 바늘에 실을 걸고 앞 2개의 고리를 한 번에 통과시켜 빼냅니다(4).
5. 마지막으로 바늘에 실을 걸고 마지막 남은 2개의 고리를 한 번에 통과시켜 빼냅니다(5).

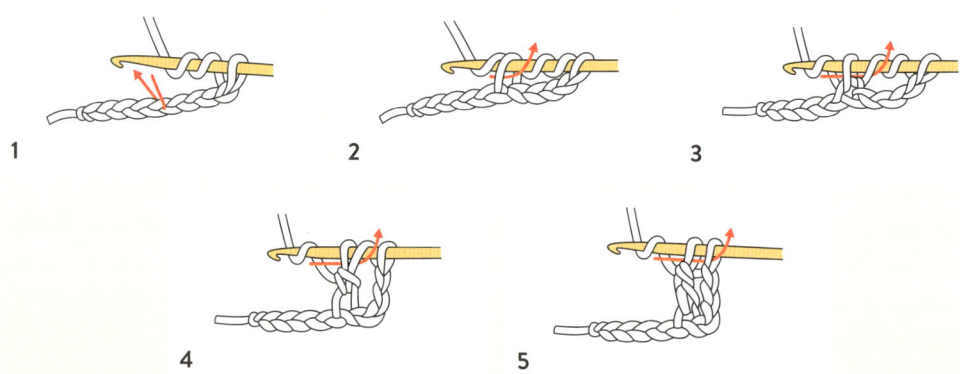

팝콘뜨기

1. 바늘에 실을 한 번 걸고 코에 바늘을 넣습니다(1).
2. 다시 실을 걸어 첫 번째 고리로 빼냅니다(바늘에 3개의 고리가 걸려 있습니다)(2).
3. 다시 실을 걸어 첫 2개의 고리를 통과시켜 빼냅니다(바늘에 2개의 고리가 걸려 있습니다)(3).
4. 다시 실을 건 후 바로 앞에 있는 첫 코에 바늘을 넣습니다(화살표 위치 확인). 다시 실을 걸어 첫 2개의 고리를 통과시켜 빼냅니다. 바늘에 5개의 고리가 생길 때까지 이 과정을 반복합니다(4).
5. 마지막으로 실을 걸어 바늘에 걸려 있는 5개의 고리를 한 번에 통과시켜 빼냅니다(5).

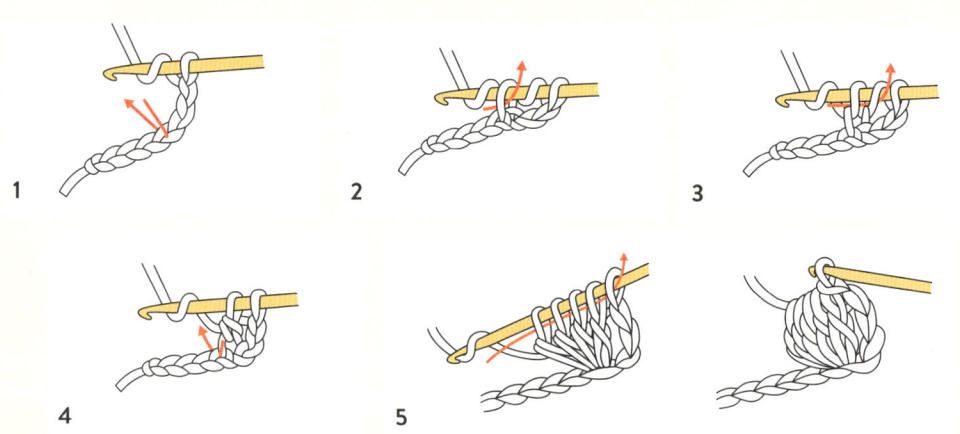

코늘리기

하나의 코에 같은 코 2개를 뜹니다.

코줄이기

일반 코줄이기

1. 코에 바늘을 넣은 후 실을 걸고 고리로 빼냅니다(바늘에 2개의 고리가 걸려 있습니다).
2. 다음 코에 바늘을 넣은 후 바늘에 실을 걸어 고리로 빼냅니다(바늘에 3개의 고리가 걸려 있습니다).
3. 바늘에 실을 걸어 바늘에 걸려 있는 3개의 고리를 한꺼번에 통과시켜 빼냅니다.

보이지 않게 코줄이기

1. 앞 반코 2개에 바늘을 넣습니다. 이 상태에서 실을 걸어 바늘에 걸어둔 반코 2개를 통과시켜 빼냅니다(바늘에 2개의 고리가 걸려 있습니다(1).
2. 다시 실을 걸어 바늘 위 2개 고리를 통과시켜 빼냅니다(2).

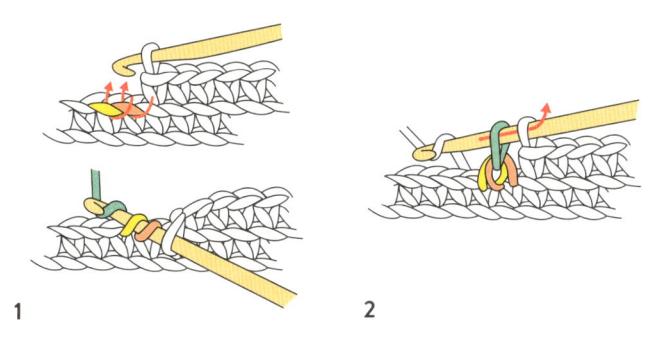

1   2

> ### 참고
>
> 저는 항상 보이지 않게 코
> 줄이기로 감쪽같이 뜨개
> 질합니다.

기본 기법

매직링 만들기

(손가락에 감아 만드는) 매직링으로 원형뜨기를 시작하는 방법입니다. 사슬코로 원형코를 만들면 중간에 구멍이 생길 수 있는데, 매직링으로 만들면 이 구멍이 생기는 것을 방지할 수 있습니다. 매끄럽고 깔끔한 손뜨개를 시작하기에 좋은 방법입니다.

1. 실로 고리를 만듭니다. 코바늘을 이 고리 안으로 넣어 실타래에 이어진 뜰 실을 걸어 고리 안으로 빼내어 느슨한 리본 형태를 만듭니다. 꽉 죄지 않고 느슨한 리본 형태를 그대로 유지합니다(1, 2).
2. 엄지와 중지로 링을 잡고 검지로 실을 한 번 감아 당겨줍니다(3). 바늘로 실을 걸어 바늘 위에 있는 고리 안으로 빼줍니다. 이렇게 하면 매직링이 고정됩니다. 이 코는 콧수로 세지 않습니다(4).

3. 다음을 따라 필요한 개수만큼 짧은뜨기를 뜹니다.

바늘을 링 안쪽으로 통과시켜 실을 겁니다(**5**). 링에 연결된 실의 끝을 잡은 채 바늘에 실을 걸어 링을 통과시킵니다. 다시 한번 실을 걸어 바늘에 걸린 2개의 고리를 한 번에 통과시킵니다(**6**). 첫 짧은뜨기가 완성되었습니다(**7**).

4. 실끝을 단단하게 조여 매직링을 닫습니다(**8**, **9**).

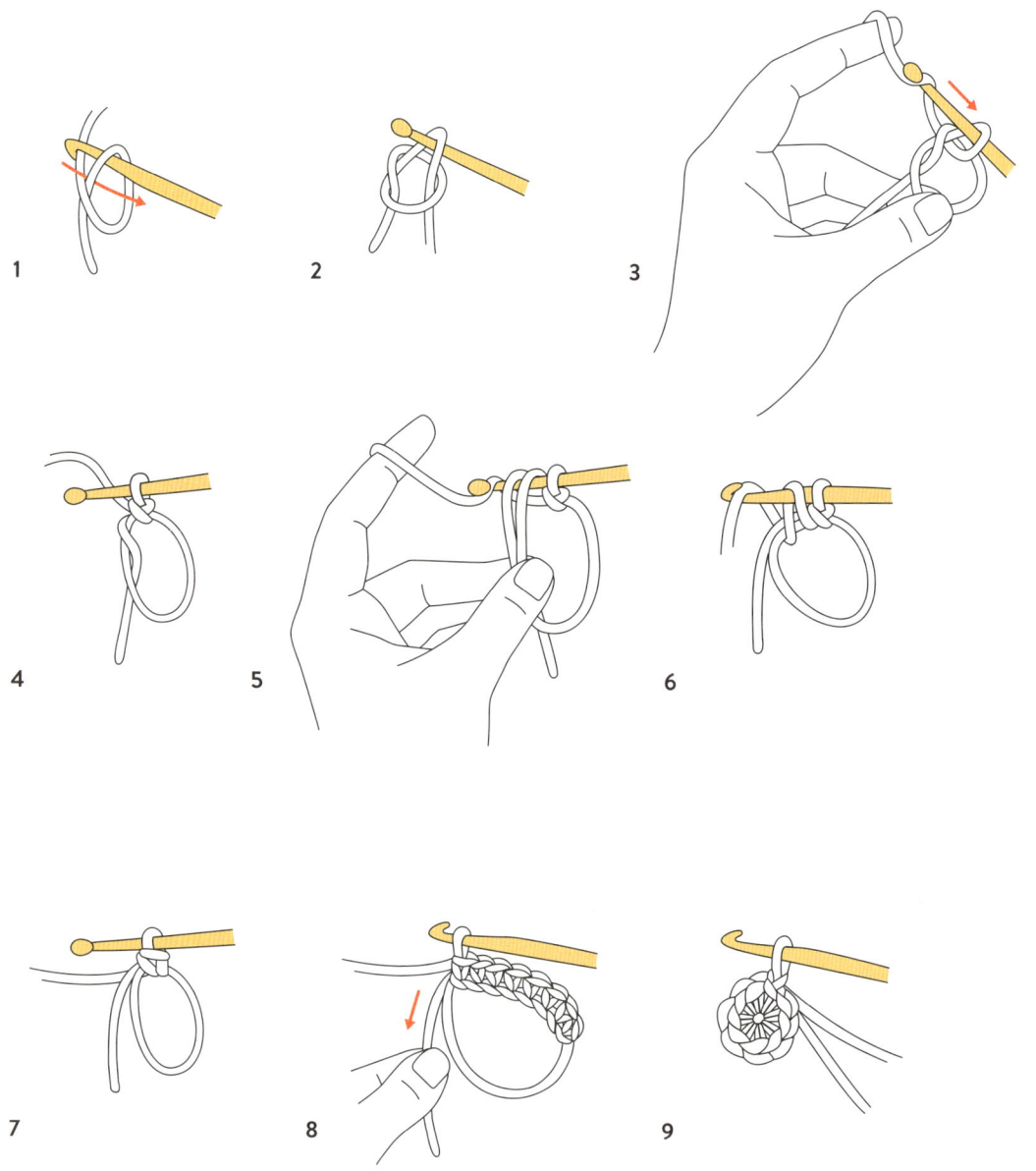

1

2

3

4

5

6

7

8

9

나선 원형뜨기

설명에 별다른 지시사항이 없으면 각 단을 빼뜨기로 닫지 않는 원형뜨기를 하는 것이 좋습니다. 이 테크닉을 적용하면 편물의 단과 단 사이 공간이 거의 보이지 않을 정도로 촘촘하게 뜰 수 있습니다. 지금 뜨고 있는 단의 시작과 끝을 표시하는 단수 표시링이 필요한 이유이기도 합니다.

이 테크닉은 원형 편물을 뜨는 데 사용합니다. 이 경우 매직링(15~16쪽 참조)으로 뜨기 시작합니다. 1단을 뜬 후 원의 첫 코에 단수 표시링을 걸어 표시합니다. 각 단의 마지막에 첫 코의 단수 표시링을 빼고 코를 뜹니다. 그리고 새로운 코에 단수 표시링을 걸어줍니다. 새로운 단을 뜨기 시작합니다. 표시된 코까지 계속 떠줍니다.

각 단을 닫으면서 원형뜨기

각 단의 첫 코와 마지막 코를 빼뜨기로 연결해 단을 닫아줍니다. 다음 단은 설명에 표시된 콧수에 해당하는 사슬뜨기 기둥코로 시작합니다. 기둥코는 콧수로 세지 않습니다. 이 단의 첫 코는 이 기둥코와 같은 자리에 뜹니다.

주의

설명에 따로 지시된 경우를 제외하고는 각 단이 끝날 때마다 편물을 뒤집어 방향을 바꾸지 않습니다.

사슬 시작코로 뜨기

사슬뜨기 시작코를 뜹니다(1). 바늘에서 두 번째 코에 짧은뜨기를 뜹니다. 시작코를 따라 끝까지 짧은뜨기를 뜹니다(2). 그리고 맞은편도 같은 방식으로 떠줍니다(3, 4).

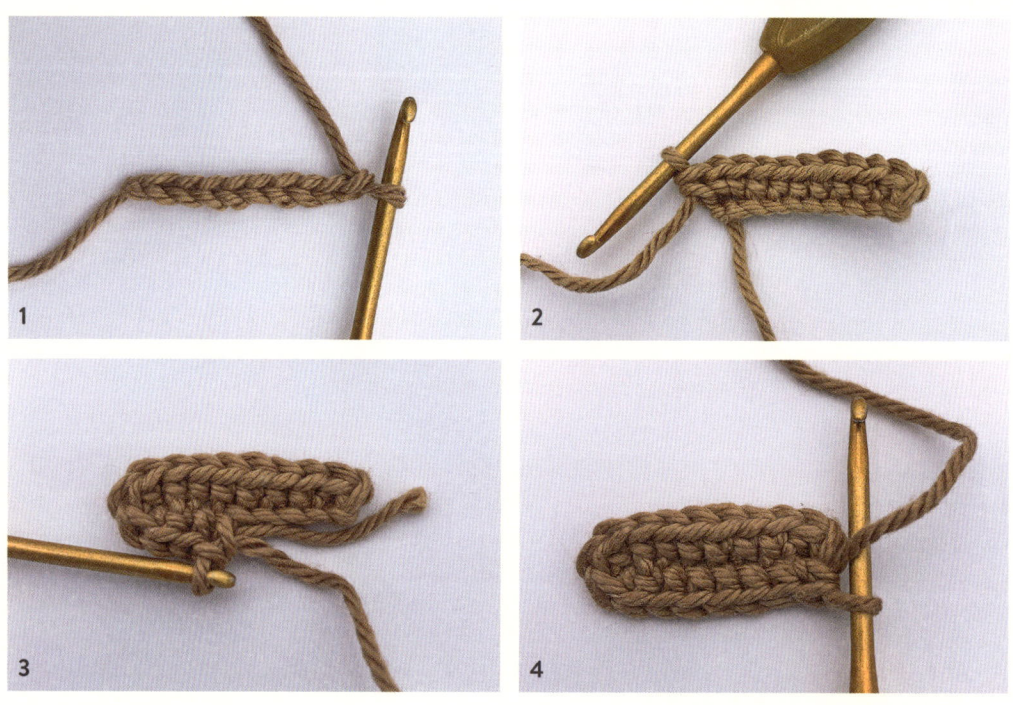

왕복뜨기

1열을 뜹니다(1). 이 열의 끝에서 편물 방향을 바꿔 설명에 표시된 숫자만큼 사슬뜨기로 기둥코를 만들고 새로운 열을 뜨기 시작합니다(2). 편물을 다 뜰 때까지 이 과정을 반복합니다(3)

앞 반코과 뒤 반코에 뜨기

코는 항상 두 가닥의 반코로 되어 있습니다.

- 여러분과 가까운 반코가 앞 반코입니다(1).
- 여러분과 멀리 있는 반코가 뒤 반코입니다(2).

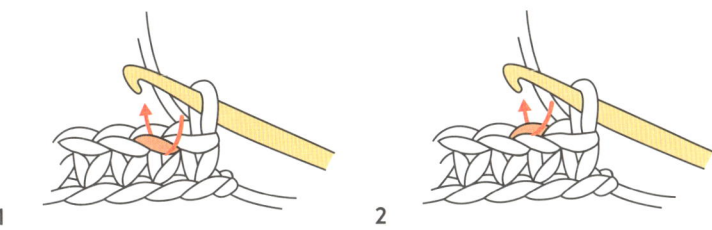

인형의 어떤 부분에는 입체감을 주기 위해 두 반코 중에서 앞이나 뒤의 반코 하나에만 바늘을 넣어 뜨기도 합니다.

안과 밖 구분하기

겉쪽(1)이 보이도록 올바른 방향으로 작업하는 것이 무척 중요합니다. 안쪽(2)은 항상 인형 안쪽을 향하게 해서 보이지 않아야 합니다. 보기 좋은 부분을 보여주기 위한 것입니다.

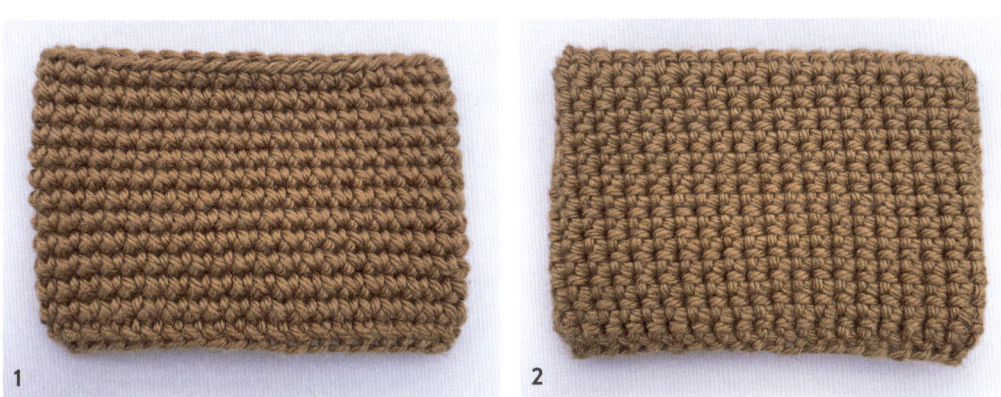

인형의 최종 크기 조절하기

인형의 최종 크기는 실의 굵기와 바늘의 굵기, 뜨개질하면서 실을 당기는 힘, 짧은뜨기 형태(X 혹은 V) 등 다양한 변수에 따라 달라집니다.

설명 앞부분을 보면 목록에 있는 재료를 사용하여 특수한 짧은뜨기(X)로 뜰 때의 인형 크기가 명시되어 있습니다.

조금 더 큰 인형을 만드는 가장 간단한 방법은 더 굵은 실과 바늘을 사용하는 것입니다. 반대의 경우도 마찬가지고요.

두 물고기는 같은 매뉴얼에 따라 만들었습니다.
하지만 왼쪽 물고기는 해피코튼(DMC)과 2.5mm 바늘로 떴고,
오른쪽 물고기는 네추라 저스트코튼(DMC)과 2.25mm 바늘로 떴습니다.

실 색상 바꾸기

항상 색상1의 마지막 코를 뜨고 나서 색상을 바꾸도록 주의하세요.

1. 색상1의 마지막 코에 바늘을 넣습니다. 바늘로 색상1실을 한 번 감아 일반 짧은뜨기를 뜨는 것처럼 고리로
빼냅니다(바늘에 2개의 고리 확인)(**1**).

2. 색상1실은 옆에 둡니다. 바늘로 색상2실을 한 번 감아 2개의 고리를 한 번에 통과시켜 빼냅니다.
색상2실을 잡아당겨 코를 조여줍니다(**2**)

3. 색상2실로 계속 뜹니다.

여러 설명에서 색상이 꽤 여러 번 교차합니다. 하나의 색상으로 뜨는 동안 뜨지 않고 옆에 둔 실을 처리하는 두 가지 방법을 알려드릴게요.

- 색상이 자주 교차될 때(두 색상 사이가 1~3코): 색상2실로 뜨는 동안 색상1실을 안쪽에 둡니다. 다시 색상1실로 떠야 할 때는 실을 가져와서 색상2실의 마지막 코를 떠서 끝내주기만 하면 됩니다. 색상1로 뜰 때 너무 세게 잡아당기지 않도록 주의합니다. 편물 모양이 변하지 않도록 안쪽을 느슨하게 해줘야 하기 때문입니다.
- 색상이 자주 교차되지 않을 때(두 색상 사이가 3코 이상): 실끝을 2cm 남기고 자르고 이어질 다른 색상의 실을 도래매듭으로 묶어줍니다.

동일한 편물 연결하기

대부분의 설명에서 양쪽 다리처럼 동일한 두 개의 편물을 연결하게 됩니다.

원형뜨기를 할 때와 마찬가지로 마지막 단과 그 아랫단 사이에 간격이 생깁니다.
이 간격을 없애기 위해 마지막 코와 연결되는 코, 즉 아랫단의 첫 번째 코에 바늘을 넣습니다(1). 이 코는 이어지는 다음 단의 첫 코가 됩니다(2).

마지막 코

1   2

앞 반코에 뜨기

테두리 효과가 필요한 단에는 각각의 앞 반코에 뜨면 인형 옷에 예쁜 테두리를 두를 수 있습니다.

1. 코 사이로 바늘을 넣습니다(1).
2. 코를 따라 둘러주고 싶은 색상의 실을 걸어 고리로 빼줍니다(2).
3. 설명을 따라 계속 떠줍니다.

실을 잘라 작업 끝내기

편물 하나를 다 떴으면 실을 자르고 마무리해주어야 합니다.

1. 편물의 마지막 코를 뜬 후 실을 자릅니다(1).
2. 남은 실을 바늘 위에 있는 고리로 빼낸 후 강하게 잡아당깁니다(2).

주의

남은 실을 나중에 부분 편물들을 연결하는 데 쓰려면 충분한 길이를 남겨두고 잘라야 합니다. (일반적으로 15~20cm)

보이지 않게 사슬 연결하기

실을 자르고 마지막 코에 넣어주면 일종의 사슬뜨기가 한 코가 생깁니다. 편물이 좀 더 고르게 표현되고 완벽하게 둥근 형태를 얻기 위해서는 이 코가 편물의 가장자리로 자연스럽게 사라져야 합니다.

1. 실의 남은 부분을 돗바늘에 끼웁니다. 한 코를 건너뛰고 그다음 코의 양쪽 반코 아래로 바늘을 넣습니다 (1).
2. 실의 남은 부분이 나온 코의 뒤 반코에 바늘을 넣습니다(2).
3. 연결부분이 주위 코와 비슷해지도록 실을 잡아당깁니다(3).

남은 뜨개실 숨기기

속을 채우지 않은 편물

1. 남은 실을 돗바늘에 끼우고 바늘로 편물 안쪽의 코 여러 개를 통과시킵니다(1).
2. 남은 실을 잘라줍니다(2).

속을 채운 편물

1. 남은 실을 돗바늘에 끼우고 바늘로 속을 채운 편물을 여러 번 관통합니다(1, 2).
2. 남은 실을 짧게 잘라줍니다.(3)

남은 코 닫기

원형 모티프의 마지막 단을 뜰 때, 가끔 작은 구멍이 생겨서 막아줘야 할 때가 있습니다.

1. 부분 편물의 마지막 코를 뜨고 나면 남은 실을 자르고 돗바늘에 끼워줍니다.
2. 바늘을 바깥에서 마지막 단의 각 코들의 앞 반코 안쪽으로 통과시킵니다(1).
3. 실을 살짝 당겨 구멍을 닫고(2), 매뉴얼에 따라 안쪽으로 넣거나 그냥 둡니다.

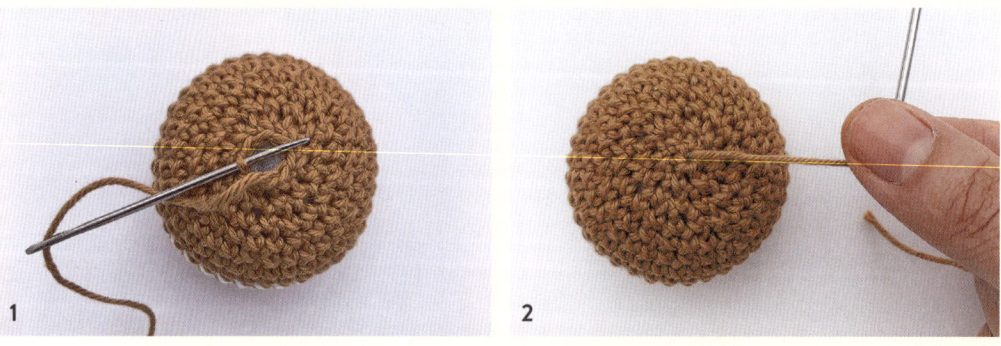

연결하기

각 편물을 다 뜨면 돗바늘로 연결해 하나의 인형을 만들어야 합니다. 먼저 각 편물을 연결할 위치에 핀으로 고정합니다. 좌우대칭을 이루는 편물(팔, 다리, 귀 등)을 연결할 경우, 대칭이 잘 맞는지 확인합니다.

저는 두 가지 바느질을 이용해서 연결합니다.

- 속을 채운 편물 위에 평평한 조각을 연결할 때는 백 스티치를 이용합니다(1, 2). 예를 들어, 머리에 귀를 연결하거나 몸통에 팔을 붙일 때 백 스티치로 연결합니다. 또한 머리에 주둥이를 붙이는 경우처럼 편물을 겹쳐서 연결할 때도 백 스티치를 이용합니다(3, 4, 5).

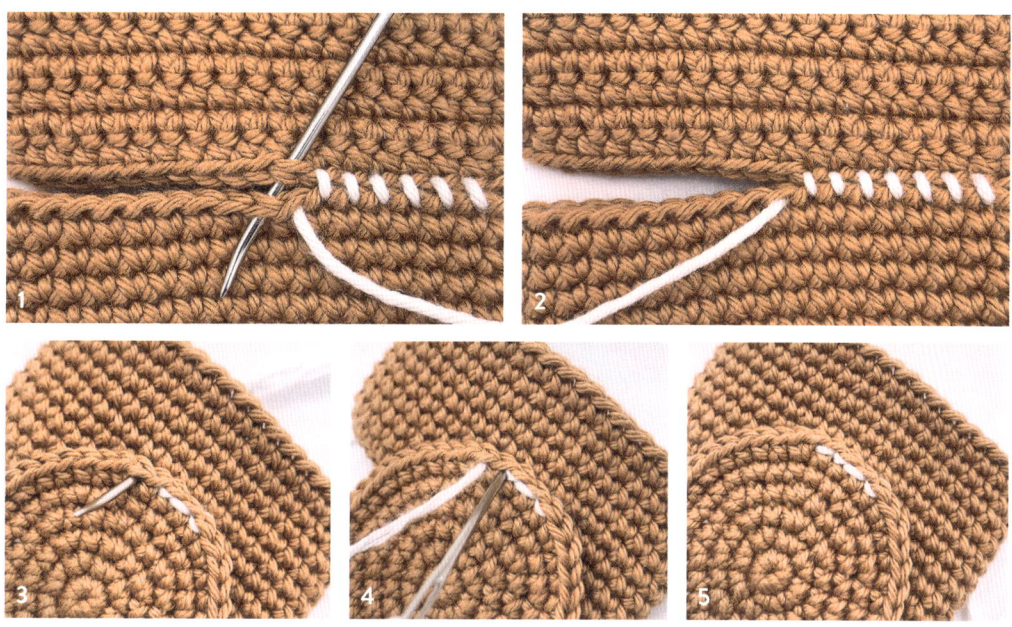

- 몸통과 머리를 잇는 경우처럼 대부분의 편물은 매트리스 스티치로 연결합니다(1, 2, 3).

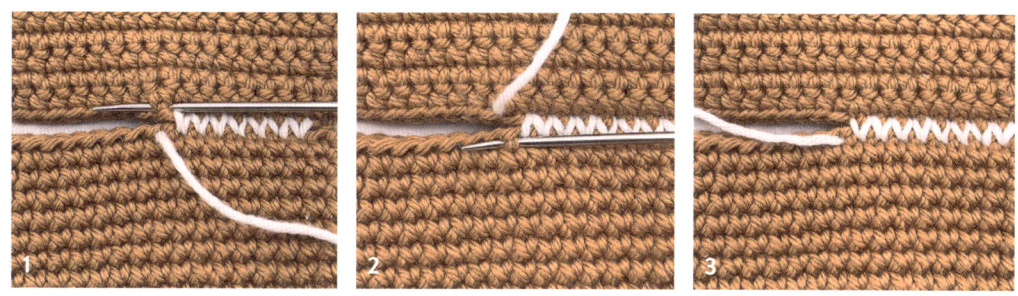

설명은 어떻게 읽을까?

약어와 기호

기호	
[ ]	각 단의 총 콧수
( )	반복할 뜨개 기법
난이도	
*	초급: 빼뜨기·짧은뜨기·사슬뜨기, 실 색상 바꾸기, 간단한 형태와 마무리
**	중급: 긴뜨기·한길긴뜨기를 포함한 좀 더 다양한 기법, 좀 더 복잡한 실 색상 바꾸기
***	상급: 한길긴뜨기·팝콘뜨기를 포함한 아주 다양한 기법, 여러 번의 실 색상 바꾸기, 독특한 형태와 디테일

설명 읽기

다음은 책의 설명을 이해하는 데 도움이 되는 예시입니다.

예시1

23단: (짧은뜨기 5코, 코줄이기 1회)×6회. [36코]

> 23단을 뜨려면, (이어지는 5코 각각에 짧은뜨기 1코씩 뜨고, 코줄이기를 1회)를 여섯 번 반복한다. 23단을 다 뜨면 짧은뜨기 총 36코가 된다.

예시2

3~7단(5단): 짧은뜨기 4코, 코늘리기 1회, 짧은뜨기 5코, 코줄이기 1회. [12코]

> 3단에서 7단까지(즉 다섯 단), 다음의 동일한 뜨개 기법과 횟수를 따른다. 이어지는 4코 각각에 짧은뜨기 1코씩 뜨고, 그다음 코에서 코늘리기를 1회(같은 코에 짧은뜨기 두 번) 한다. 그런 다음, 이어지는 5코에 짧은뜨기 1코씩 뜨고 코줄이기로 마무리한다. 각 단의 짧은뜨기는 총 12코가 된다.

예시3

22단: 노랑-짧은뜨기 3코, 팝콘뜨기 1코, (짧은뜨기 4코, 팝콘뜨기 1코)×4회, 짧은뜨기 3코 / 연노랑-짧은뜨기 4코 / 크림-짧은뜨기 30코 / 연노랑-짧은뜨기 4코. [65코]
> 22단은 노랑, 연노랑, 크림색 실로 번갈아 가며 뜬다.

노랑-짧은뜨기 3코, 팝콘뜨기 1코, (짧은뜨기 4코, 팝콘뜨기 1코)×4회, 짧은뜨기 3코
> 노랑 실로 3코 각각에 짧은뜨기 1코씩 뜨고 그다음 코에 팝콘뜨기를 1코 뜬다. 그런 다음 (이어지는 4코 각각에 짧은뜨기 1코씩 뜨고 그다음 코에 팝콘뜨기 1코)를 네 번 반복한다. 그리고 이어지는 3코 각각에 짧은뜨기 1코씩 뜬다. 마지막 코에서 연노랑 실을 한 번 건다.

연노랑-짧은뜨기 4코
> 연노랑 실로 이어지는 4코 각각에 짧은뜨기 1코 뜬다. 마지막 코에서 크림색 실을 한 번 건다.

크림-짧은뜨기 30코
> 크림색 실로 이어지는 30코 각각에 짧은뜨기 1코씩 뜬다. 마지막 코에서 연노랑 실을 마지막으로 한 번 걸어준다.

연노랑-짧은뜨기 4코
> 연노랑 실로 이어지는 4코 각각에 짧은뜨기 1코씩 뜬다. 22단을 다 뜨면 짧은뜨기 총 65코가 된다.

* 설명에서 '코줄이기'는 '짧은뜨기 2코를 1코로 줄이기', '코늘리기'는 '같은 코에 짧은뜨기 2코'를 의미한다.
  긴뜨기와 한길긴뜨기 코를 늘리거나 짧은뜨기를 3코 이상 늘리는 경우에는 '같은 코에 긴뜨기 2코',
  '같은 코에 짧은뜨기 3코' 등으로 풀어 설명했다.

인형 만들기

곰 베리 BERRY

난이도
*

크기: 20cm

재료
• 기본 키트(9쪽 참조)
• 2.25mm 코바늘
• 6mm 나사눈 2개

실
• 네추라 저스트코튼
  (DMC)
  - N02 흰색(약간)
  - N12 연녹색(1타래)
  - N14 진녹색(1타래)
  - N20 녹색(1타래)
  - N36 크림(1타래)
  - N989 카키(1타래)
• 진갈색 자수실

베리는 수줍음이 많은 곰이야. 말수는 적지만 마음이 참 넓단다. 베리는 언제까지나 너의 옆에서 이야기를 들어주고 네가 잠들 때까지 쓰다듬어줄 거야. 좋은 꿈 꿔!

머리(크림)

시작코로 사슬뜨기 12코를 뜬다. 이 시작코를 중심으로 원형뜨기를 한다.

1단: 바늘에서 두 번째 사슬코에서 시작한다. 코늘리기 1회 후, 9개 사슬코 각각에 짧은뜨기 1코씩 뜨고, 마지막 사슬코에 짧은뜨기 3코를 뜬다. 맞은편도 이어 뜬다. 이어지는 10개 사슬코 각각에 짧은뜨기 1코씩 뜬다. [24코]

2단: 코늘리기 2회, 짧은뜨기 9코, 코늘리기 3회, 짧은뜨기 9코, 코늘리기 1회. [30코]

3단: (짧은뜨기 1코, 코늘리기 1회)×2회, 짧은뜨기 10코, (코늘리기 1회, 짧은뜨기 1코)×3회, 짧은뜨기 9코, 코늘리기 1회. [36코]

4단: (짧은뜨기 5코, 코늘리기 1회)×6회. [42코]

5단: 짧은뜨기 2코, 코늘리기 1회, (짧은뜨기 6코, 코늘리기 1회)×5회, 짧은뜨기 4코. [48코]

6단: (짧은뜨기 7코, 코늘리기 1회)×6회. [54코]

7~21단(15단): 각각의 코에 짧은뜨기 1코. [54코]

22단: (짧은뜨기 7코, 코줄이기 1회)×6회. [48코]

두 개의 나사눈을 16단과 17단 사이에 8코 간격을 두고 단다. 머리를 충전재로 채우기 시작하고 뜨개질을 하면서 조금씩 보충한다.

23단: 짧은뜨기 2코, 코줄이기 1회, (짧은뜨기 6코, 코줄이기 1회)×5회, 짧은뜨기 4코. [42코]

24단: (짧은뜨기 5코, 코줄이기 1회)×6회. [36코]

25단: (짧은뜨기 4코, 코줄이기 1회)×6회. [30코]

바느질할 실을 충분히 남기고 자른다(**1**).

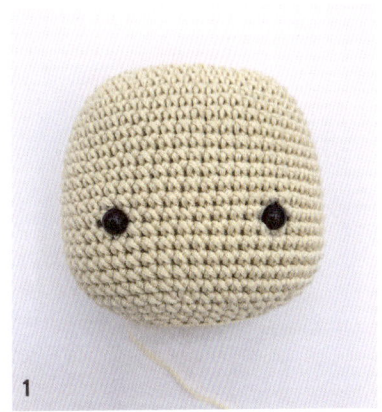

1

2

주둥이[흰색]

1단: 매직링에 짧은뜨기 8코. [8코]
2단: 코늘리기 8회. [16코]
3단: 짧은뜨기 3코, 코늘리기 2회, 짧은뜨기 6코, 코늘리기 2회, 짧은뜨기 3코. [20코]

바느질할 실을 충분히 남기고 자른 후, 보이지 않게 사슬 연결하기(23쪽 참조)로 마무리한다.

자수실로 코를 수놓는다(**2**).

귀[크림, 2개]

1단: 매직링에 짧은뜨기 8코. [8코]
2단: 코늘리기 8회. [16코]
3단: (짧은뜨기 3코, 코늘리기 1회)×4회. [20코]
4단: 각각의 코에 짧은뜨기 1코. [20코]
5단: (짧은뜨기 3코, 코줄이기 1회)×4회. [16코]
6단: 각각의 코에 짧은뜨기 1코. [16코]

귀를 핀으로 납작하게 고정하고 열린 부분을 맞물려 코들을 나란히 맞춘다. 마주 보는 2코씩 짧은뜨기로 차례로 닫아준다. [8코]

바느질할 실을 충분히 남기고 자른다(**3**).

3

꼬리[크림]

1단: 매직링에 짧은뜨기 8코. [8코]
2단: 코늘리기 8회. [16코]
3~4단(2단): 각각의 코에 짧은뜨기 1코. [16코]
5단: (짧은뜨기 2코, 코줄이기 1회)×4회. [12코]

꼬리를 충전재로 가볍게 채운다.

6단: (짧은뜨기 1코, 코줄이기 1회)×4회. [8코]

빼뜨기 1코로 닫고, 바느질할 실을 충분히 남겨두고 자른다(**3**).

팔[크림으로 시작, 2개]

1단: 매직링에 짧은뜨기 8코. [8코]
2단: (코늘리기 1회, 짧은뜨기 1코)×4회. [12코]
3~6단(4단): 각각의 코에 짧은뜨기 1코. [12코]

6단 끝에서 진녹색 실을 건다.

7단: 뒤 반코에만 짧은뜨기 1코. [12코]
8~9단(2단): 각각의 코에 짧은뜨기 1코. [12코]

9단 끝에서 녹색 실을 건다.

10~12단(3단): 각각의 코에 짧은뜨기 1코. [12코]

12단 끝에서 연녹색 실을 건다.

13~15단(3단): 각각의 코에 짧은뜨기 1코. [12코]

팔을 핀으로 납작하게 고정하고 열린 부분을 맞물려 코들을 나란히 맞춘다. 마주 보는 2코씩 짧은뜨기로 차례로 닫아준다. [6코]

바느질할 실을 충분히 남기고 자른다.

소매 디테일은 옆 박스를 참고한다.

다리[크림, 2개]
1단: 매직링에 짧은뜨기 8코. [8코]
2단: 코늘리기 8회. [16코]
3단: (짧은뜨기 3코, 코늘리기 1회)×4회. [20코]
4~15단(12단): 각각의 코에 짧은뜨기 1코. [20코]

첫 번째 다리를 뜬 후에는 실을 자르지만 두 번째 다리를 뜬 후에는 자르지 않고 남겨둔다. 남겨둔 실은 두 다리를 연결하고 이어서 몸통을 뜨는 데 사용된다.

몸통[크림으로 시작]
연결한 두 다리에 이어서 뜬다.

두 번째 다리에서 시작한다. 사슬뜨기 3코를 뜬 후 짧은뜨기 1코로 첫 번째 다리에 연결한다(6). 이 짧은뜨기 코는 몸통의 첫 코가 된다.

1단: 첫 번째 다리 각각의 코에 짧은뜨기 1코를, 사슬뜨기 3코 각각에 짧은뜨기 1코. 두 번째 다리 각각의 코에 짧은뜨기 1코를 뜨고 사슬뜨기 3코 각각의 다른 반코에 짧은뜨기 1코. [46코]

소매 디테일
팔을 거꾸로 놓고 6단 앞 반코에 뜬다. 6단 마지막 코에 바늘을 넣어 진녹색 실을 걸고(4) 각각의 코에 빼뜨기 1코를 뜬다. 실을 자르고 남은 실을 정리한다(5).

2단: 짧은뜨기 21코, 코늘리기 1회, 짧은뜨기 22코, 코늘리기 1회, 짧은뜨기 1코. [48코]
3~7단(5단): 각각의 코에 짧은뜨기 1코. [48코]

몸통과 다리를 충전재로 채우기 시작하고 뜨개질을 하면서 보충한다.

7단 끝에서 진녹색 실을 건다.

8단: 뒤 반코에만 짧은뜨기 1코. [48코]
9~12단(4단): 각각의 코에 짧은뜨기 1코. [48코]

12단 끝에서 녹색 실을 건다.

13~16단(4단): 각각의 코에 짧은뜨기 1코. [48코]
17단: (짧은뜨기 6코, 코줄이기 1회)×6회. [42코]

17단 끝에서 연녹색 실을 건다.

18~19단(2단): 각각의 코에 짧은뜨기 1코. [42코]
20단: (짧은뜨기 5코, 코줄이기 1회)×6회. [36코]
21~22단(2단): 각각의 코에 짧은뜨기 1코. [36코]
23단: (짧은뜨기 4코, 코줄이기 1회)×6회. [30코]
24~25단(2단): 각각의 코에 짧은뜨기 1코. [30코]

25단 끝에서 카키색 실을 걸고 칼라를 뜬다. 각 단의 기둥코인 사슬 2코는 한길긴뜨기 콧수로 세지 않는다.

26단: 앞 반코에 뜬다. 사슬뜨기 2코, 각각의 코에 한길긴뜨기 2코. 빼뜨기 1코로 닫기. [60코]
27단: 사슬뜨기 2코, 각각의 코에 한길긴뜨기 2코. 빼뜨기 1코로 닫기. [120코]

실을 자르고 남은 실을 정리한다.

옷 디테일은 옆 박스를 참고한다.

연결하기

바느질로 주둥이를 머리 위, 두 눈 사이에 붙인다(**9**).

귀의 양끝을 모아 꿰맨다(**10**). 다른 쪽 귀도 똑같이 바느질한다. 양쪽 귀를 머리의 4단, 5단 높이에 연결한다(**11**). 팔을 몸통 마지막 단에서 4단 아래에 연결한다(**12, 13**).

꼬리를 연결한다(**14**).

머리를 바느질하여 몸통에 연결하고 충전재를 꼼꼼히 채운 후 완전히 닫는다.

뺨에 블러셔를 바른다.

옷 디테일

몸통을 거꾸로 놓고 7단 앞 반코에만 뜨개질한다. 바늘을 7단 마지막 코에 넣어 진녹색 실을 걸고(**7**) 각각의 코에 빼뜨기를 1코 뜬다. 실을 자르고 남은 실을 정리한다(**8**).

7

8

강아지 보바 BOBA

난이도

*

크기: 16cm

재료
- 기본 키트(9쪽 참조)
- 2.25mm 코바늘
- 6mm 나사눈 2개

실
- 네추라 저스트코튼
  (DMC)
  - N02 흰색(약간)
  - N36 크림(1타래)
  - N37 베이지(약간)
  - N41 갈색(1타래)
  - N56 파랑(1타래)
- 진갈색 자수실

곧 가을이 올 거야. 날씨가 조금씩 선선해지고 공기가 건조해졌어. 보바는 곧 일하러 가야 해. 하지만 출발하기 전에 스웨터를 입는 걸 잊지 않았네! 길에서 마주치면 힘내라고 웃어줘.

머리(크림)

1단: 매직링에 짧은뜨기 8코. [8코]

2단: 코늘리기 8회. [16코]

3단: (짧은뜨기 1코, 코늘리기 1회)×8회. [24코]

4단: (짧은뜨기 2코, 코늘리기 1회)×8회. [32코]

5단: 짧은뜨기 1코, 코늘리기 1회, (짧은뜨기 3코, 코늘리기 1회)×7회, 짧은뜨기 2코. [40코]

6단: (짧은뜨기 4코, 코늘리기 1회)×8회. [48코]

7단: 각각의 코에 짧은뜨기 1코. [48코]

8단: (짧은뜨기 7코, 코늘리기 1회)×6회. [54코]

9~17단(9단): 각각의 코에 짧은뜨기 1코. [54코]

18단: (짧은뜨기 8코, 코늘리기 1회)×6회. [60코]

19~20단(2단): 각각의 코에 짧은뜨기 1코. [60코]

21단: (짧은뜨기 9코, 코늘리기 1회)×6회. [66코]

22단: (짧은뜨기 9코, 코줄이기 1회)×6회. [60코]

23단: 짧은뜨기 3코, 코줄이기 1회, (짧은뜨기 8코, 코줄이기 1회)×5회, 짧은뜨기 5코. [54코]

24단: (짧은뜨기 7코, 코줄이기 1회)×6회. [48코]

25단: 짧은뜨기 2코, 코줄이기 1회, (짧은뜨기 6코, 코줄이기 1회)×5회, 짧은뜨기 4코. [42코]

26단: (짧은뜨기 5코, 코줄이기 1회)×6회. [36코]

27단: (짧은뜨기 4코, 코줄이기 1회)×6회. [30코]

빼뜨기 1코로 닫고, 바느질할 실을 충분히 남기고 자른다.

머리 17단과 18단 사이에 7코 간격으로 두 눈을 단다.

머리를 충전재로 채운다.

자수실로 두 눈에서 2단 위쪽에 눈썹을 수 놓는다(1).

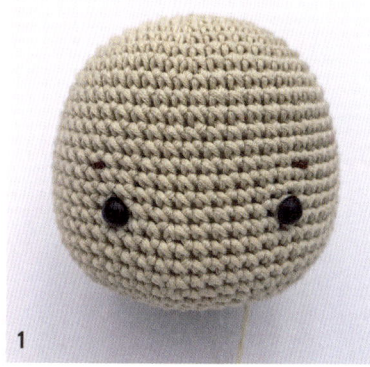

1

주둥이[베이지]

1단: 매직링에 짧은뜨기 6코. [6코]
2단: 코늘리기 6회. [12코]
3단: 빼뜨기 1코, 코늘리기 3회, 짧은뜨기 4코, 코늘리기 3회, 빼뜨기 1코. [18코]

바느질할 실을 충분히 남기고 자른다.

자수실로 코를 수놓는다(2).

귀[갈색, 2개]

1단: 매직링에 짧은뜨기 6코. [6코]
2단: (코늘리기 1회, 짧은뜨기 1코)×3회. [9코]
3단: 코늘리기 1회, 짧은뜨기 8코. [10코]
4단: 코늘리기 1회, 짧은뜨기 9코. [11코]
5단: 코늘리기 1회, 짧은뜨기 10코. [12코]
6단: (코늘리기 1회, 짧은뜨기 1코)×6회. [18코]
7단: 각각의 코에 짧은뜨기 1코. [18코]
8단: (코늘리기 1회, 짧은뜨기 2코)×6회. [24코]
9~11단(3단): 각각의 단에 짧은뜨기 1코. [24코]
12단: (짧은뜨기 1코, 코줄이기 1회)×8회. [16코]

귀를 핀으로 납작하게 고정하고 열린 부분을 맞물려 코들을 나란히 맞춘다. 마주 보는 2코씩 짧은뜨기로 차례로 닫아준다[8코]. 바느질할 실을 충분히 남기고 자른다(3).

팔[크림으로 시작, 2개]

1단: 매직링에 짧은뜨기 8코. [8코]
2단: 코늘리기 8회. [16코]
3~5단(3단): 각각의 단에 짧은뜨기 1코. [16코]

5단 끝에서 파란색 실을 건다.

6~14단(9단): 각각의 단에 짧은뜨기 1코. [16코]
15단: (짧은뜨기 2코, 코줄이기 1회)×4회. [12코]

팔을 핀으로 납작하게 고정하고 열린 부분을 맞물려 코들을 나란히 맞춘다. 마주 보는 2코씩 짧은뜨기로 차례로 닫아준다[6코].

바느질할 실을 충분히 남기고 자른다(4).

다리(크림으로 시작, 2개)

1단: 매직링에 짧은뜨기 8코. [8코]

2단: 코늘리기 8회. [16코]

3단: (짧은뜨기 3코, 코늘리기 1회)×4회. [20코]

4~5단(2단): 각각의 코에 짧은뜨기 1코. [20코]

6단: (짧은뜨기 4코, 코늘리기 1회)×4회. [24코]

6단 끝에서 갈색 실을 건다.

7단: 뒤 반코에만 짧은뜨기 1코. [24코]

8단: 각각의 코에 짧은뜨기 1코. [24코]

첫 번째 다리를 뜬 후에는 실을 자르지만 두 번째 다리를 뜬 후에는 자르지 않고 남겨둔다. 남겨둔 실은 두 다리를 연결하고 이어서 몸통을 뜨는 데 사용된다.

다리의 디테일은 옆 박스를 참고한다.

몸통(갈색으로 시작)

연결한 두 다리에 이어서 뜬다.

두 번째 다리에서 시작한다. 짧은뜨기 1코로 첫 번째 다리에 연결한다(**6**). 이 짧은뜨기 코는 몸통의 첫 코가 된다.

1단: 첫 번째 다리 각각의 코에 짧은뜨기 1코. 두 번째 다리 각각의 코에 짧은뜨기 1코. [48코]

2~9단(8단): 각각의 코에 짧은뜨기 1코. [48코]

다리를 충전재로 채우기 시작하고 뜨개질을 하면서 계속 보충한다.

9단 끝에서 파란색 실을 건다.

10단: 뒤 반코에만 짧은뜨기 1코. [48코]

11~16단(6단): 각각의 코에 짧은뜨기 1코. [48코]

17단: (짧은뜨기 6코, 코줄이기 1회)×6회. [42코]

17단 끝에서 흰색 실을 건다.

18단: 각각의 코에 짧은뜨기 1코. [42코]

18단 끝에서 갈색 실을 건다.

19단: 각각의 코에 짧은뜨기 1코. [42코]

20단: 흰색 실을 걸어 각각의 코에 짧은뜨기 1코. [42코]

20단 끝에서 파란색 실을 건다.

21~22단(2단): 각각의 코에 짧은뜨기 1코. [42코]

23단: (짧은뜨기 5코, 코줄이기 1회)×6회. [36코]

24단: 각각의 코에 짧은뜨기 1코. [36코]

25단: 뒤 반코에만 (짧은뜨기 4코, 코줄이기 1회)×6회. [30코]

칼라를 뜬다. 각 단의 기둥코인 사슬 2코는 한길긴뜨기 콧수로 세지 않는다.

다리 디테일

다리를 거꾸로 놓고 6단 앞 반코에 뜬다. 바늘을 6단 마지막 코에 넣고 갈색 실을 건다(**5**). 각각의 코에 빼뜨기 1코를 뜬다. 실을 자르고 남은 실을 정리한다(**6**).

5

6

7

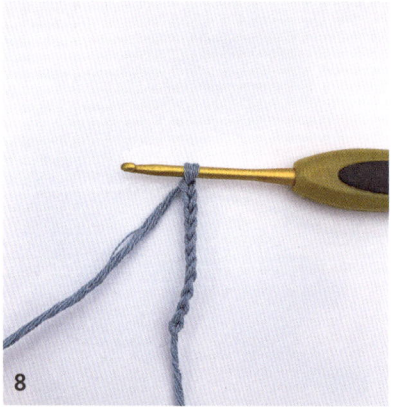

8

9

10

26단: 앞 반코에 뜬다. 사슬뜨기 2코, (긴뜨기 4코, 같은 코에 긴뜨기 2코)×6회. 빼뜨기 1코로 닫기. [36코]

27단: 사슬뜨기 2코, (긴뜨기 5코, 같은 코에 긴뜨기 2코)×6회. 빼뜨기 1코로 닫기. [42코]

28단: 각각의 코에 빼뜨기 1코. [42코]

실을 자르고 남은 실을 정리한다(**7**).

리본 [파랑]
24단 앞 반코에 뜬다.

사슬뜨기 10코를 뜨고(**8**), 앞면 중앙에서 시작해서 칼라 아래로 이어서 뜬다(**9**). 각각의 코에 빼뜨기 1코, 사슬뜨기 10코. 실을 자른다(**10**).

스웨터 디테일은 옆 박스를 참고한다.

꼬리 [크림]
1단: 매직링에 짧은뜨기 5코. [5코]
2단: 코늘리기 1회, 짧은뜨기 4코. [6코]
3단: 코늘리기 1회, 짧은뜨기 5코. [7코]
4단: 코늘리기 1회, 짧은뜨기 6코. [8코]
5~6단(2단): 코늘리기 1회, 짧은뜨기 3코, 코줄이기 1회, 짧은뜨기 2코. [8코]

빼뜨기 1코로 닫고, 바느질할 실을 충분히 남기고 자른다.

연결하기
팔을 몸통 마지막 단에 바느질로 연결한다.

꼬리를 연결한다(**12**).

주둥이를 머리 위, 두 눈 사이에 바느질로 연결한다.

귀를 머리의 6단과 8단에 연결한다(**13**).

머리를 바느질해 몸통에 연결하고 충전재를 꼼꼼히 채운 후 완전히 닫는다.

뺨에 블러셔를 바른다.

스웨터 디테일
몸통을 거꾸로 놓고 9단 앞 반코에 뜬다. 바늘을 9단 마지막 코에 넣고 파란색 실을 걸어(**11**) 각각의 코에 빼뜨기 1코를 뜬다. 실을 자르고 남은 실을 정리한다.

11

12

13

햄스터 치비 CHIBI

넌 이번 주말에 뭐 해? 햄스터 치비는 아빠와 함께 생일 케이크를 만들고 파티를 위해 집을 꾸미고 있어. 누구의 생일 파티인지 한번 맞혀봐! 엄마 햄스터, 생일 축하해요!

크기: 17cm

재료
• 기본 키트(9쪽 참조)
• 2.5mm 코바늘
• 8mm 나사눈 2개

실
• 해피코튼(DMC)
 - 750 파랑(1타래)
 - 761 크림(1타래)
 - 776 갈색(3타래)
 - 768 분홍(1타래)
• 진갈색 자수실

머리[갈색으로 시작]

1단: 매직링에 짧은뜨기 8코. [8코]
2단: 코늘리기 8회. [16코]
3단: (짧은뜨기 1코, 코늘리기 1회)×8회. [24코]
4단: (짧은뜨기 2코, 코늘리기 1회)×8회. [32코]
5단: 짧은뜨기 1코, 코늘리기 1회, (짧은뜨기 3코, 코늘리기 1회)×7회, 짧은뜨기 2코. [40코]
6단: (짧은뜨기 4코, 코늘리기 1회)×8회. [48코]
7~10단(4단): 각각의 단에 짧은뜨기 1코. [48코]
11단: (짧은뜨기 7코, 코늘리기 1회)×6회. [54코]
12~14단(3단): 각각의 코에 짧은뜨기 1코. [54코]
15단: 짧은뜨기 9코 / 크림-(짧은뜨기 2코, 코늘리기 1회)×4회, 빼뜨기 3코, (코늘리기 1회, 짧은뜨기 2코)×4회 / 갈색-짧은뜨기 18코. [62코]
16~20단(5단): 짧은뜨기 9코 / 크림-짧은뜨기 35코 / 갈색-짧은뜨기 18코. [62코]
21단: 짧은뜨기 9코 / 크림-(짧은뜨기 2코, 코줄이기 1회)×4회, 짧은뜨기 3코, (코줄이기 1회, 짧은뜨기 2코)×4회 / 갈색-짧은뜨기 18코. [54코]

22단: 짧은뜨기 7코, 코줄이기 1회 / 크림-(짧은뜨기 7코, 코줄이기 1회)×3회 / 갈색-(짧은뜨기 7코, 코줄이기 1회)×2회. [48코]
23단: 짧은뜨기 2코, 코줄이기 1회, 짧은뜨기 4코 / 크림-짧은뜨기 2코, (코줄이기 1회, 짧은뜨기 6코)×2회, 코줄이기 1회, 짧은뜨기 4코 / 갈색-짧은뜨기 2코, 코줄이기 1회, 짧은뜨기 6코, 코줄이기 1회, 짧은뜨기 4코. [42코]
24단: 짧은뜨기 5코, 코줄이기 1회 / 크림-(짧은뜨기 5코, 코줄이기 1회)×3회 / 갈색-(짧은뜨기 5코, 코줄이기 1회)×2회. [36코]
25단: 짧은뜨기 1코, 코줄이기 1회, 짧은뜨기 3코 / 크림-짧은뜨기 1코, (코줄이기 1회, 짧은뜨기 4코)×2회, 코줄이기 1회, 짧은뜨기 3코 / 갈색-짧은뜨기 1코, 코줄이기 1회, 짧은뜨기 4코, 코줄이기 1회, 짧은뜨기 3코. [30코]
26단: 짧은뜨기 3코, 코줄이기 1회 / 크림-(짧은뜨기 3코, 코줄이기 1회)×3회 / 갈색-(짧은뜨기 3코, 코줄이기 1회)×2회. [24코]

1

2

3

빼뜨기 1코로 닫고 바느질에 필요한 실을 충분히 남기고 자른다.

14단과 15단 사이에 6코 간격을 두고 두 눈을 달아준다(15단의 빼뜨기 3코는 두 눈 사이 중앙에 위치한다).

충전재로 머리를 채운다.

자수실로 두 눈 사이에 코와 볼 양쪽에 수염을 수놓는다(1, 2).

다리 [크림으로 시작]

첫 번째 다리

1단: 매직링에 짧은뜨기 8코. [8코]
2단: 코늘리기 8회. [16코]
3단: 짧은뜨기 1코, 코늘리기 1회, 짧은뜨기 5코, 코늘리기 2회, 짧은뜨기 5코, 코늘리기 1회, 짧은뜨기 1코. [20코]

3단 끝에서 갈색 실을 건다.

4단: 각각의 코에 짧은뜨기 1코. [20코]
5단: 짧은뜨기 6코, 코줄이기 4회, 짧은뜨기 6코. [16코]
6단: 짧은뜨기 4코, 코줄이기 1회, 짧은뜨기 4코, 코줄이기 1회, 짧은뜨기 4코. [14코]
7단: 짧은뜨기 5코, 코줄이기 2회. [7코]
이 단은 여기서 멈추고 나머지 5코는 그대로 둔다.

실을 자른다.

두 번째 다리

1~6단(6단): 첫 번째 다리와 동일하게 뜬다.
7단: 짧은뜨기 5코, 코줄이기 2회, 짧은뜨기 5코. [12코]
8단: 짧은뜨기 5코. [5코]
이 단은 여기서 멈추고 나머지 7코는 그대로 둔다.

마지막 단의 실은 자르지 않는다. 남겨둔 실은 두 다리를 연결하고 이어서 몸통을 뜨는 데 사용된다.

몸통 [갈색으로 시작]

연결한 두 다리에 이어서 뜬다.

두 번째 다리에서 시작한다.

사슬뜨기 2코를 뜬 후 짧은뜨기 1코로 첫 번째 다리에 잇는다(3). 이 짧은뜨기 코는 몸통의 첫 코가 된다.

1단: 첫 번째 다리에 (짧은뜨기 1코, 코늘리기 1회)×6회, 사슬뜨기 2코 각각의 앞 반코에 짧은뜨기 1코, 두 번째 다리에 (짧은뜨기 1코, 코늘리기 1회)×6회, 사슬뜨기 2코의 다른 반코에 짧은뜨기 1코. [40코]
2단: (짧은뜨기 7코, 코늘리기 1회)×5회. [45코]
3~7단(5단): 각각의 코에 짧은뜨기 1코. [45코]

충전재로 다리를 채우기 시작하고 뜨개질을 하면서 계속 보충한다.

8단: 짧은뜨기 38코, 코줄이기 1회, 짧은뜨기 3코, 코줄이기 1회. [43코]

9단: 짧은뜨기 3코, 코줄이기 1회, 짧은뜨기 38코. [42코]

10단: 각각의 코에 짧은뜨기 1코. [42코]

11단: (짧은뜨기 5코, 코줄이기 1회)×6회. [36코]

12~13단(2단): 각각의 코에 짧은뜨기 1코. [36코]

14단: (짧은뜨기 4코, 코줄이기 1회)×6회. [30코]

15~19단(5단): 각각의 코에 짧은뜨기 1코. [30코]

20단: 뒤 반코에만 (짧은뜨기 3코, 코줄이기 1회)×6회. [24코]

21단: 뒤 반코에만 짧은뜨기 1코. [24코]

빼뜨기 1코로 닫고, 바느질할 실을 충분히 남기고 자른다.

옷(파랑)

몸통을 거꾸로 놓고 19단 앞 반코에 뜬다. 바늘을 마지막 코에 넣고 파란색 실을 건다(4). 각 단의 기둥코인 사슬뜨기 2코는 긴뜨기의 콧수로 세지 않는다.

1단: 사슬뜨기 2코, 각각의 코에 긴뜨기 1코. 빼뜨기 1코로 닫기. [30코]

2단: 뒤 반코에 뜬다. 사슬뜨기 2코, (긴뜨기 4코, 같은 코에 긴뜨기 2코)×6회. 빼뜨기 1코로 닫기 [36코]

3단: 뒤 반코에 뜬다. 사슬뜨기 2코, 각각의 코에 긴뜨기 1코. 빼뜨기 1코로 닫기. [36코]

4단: 뒤 반코에 뜬다. 사슬뜨기 2코, (긴뜨기 5코, 같은 코에 긴뜨기 2코)×6회. 빼뜨기 1코로 닫기. [42코]

5단: 뒤 반코에 뜬다. 사슬뜨기 2코, 각각의 코에 긴뜨기 1코. 빼뜨기 1코로 닫기. [42코]

6단: 뒤 반코에 뜬다. 사슬뜨기 2코, (긴뜨기 6코, 같은 코에 긴뜨기 2코)×6회. 빼뜨기 1코로 닫기. [48코]

7단: 뒤 반코에 뜬다. 사슬뜨기 1코, 각각의 코에 짧은뜨기 1코. 빼뜨기 1코로 닫기. [48코]

실을 자르고 남은 실을 정리한다.

칼라(분홍)

몸통을 거꾸로 두고 20단 앞 반코에 뜬다. 바늘을 단의 마지막 코에 넣고 분홍색 실을 건다(5). 각 단의 기둥코인 사슬뜨기는 짧은뜨기 콧수로 세지 않는다.

1단: 사슬뜨기 1코, (짧은뜨기 3코, 코늘리기 1회)×6회. 빼뜨기 1코로 닫기. [30코]

2단: 뒤 반코에 뜬다. 사슬뜨기 1코, (짧은뜨기 4코, 코늘리기 1회)×6회. 빼뜨기 1코로 닫기. [36코]

3~6단(4단): 사슬뜨기 1코, 각각의 코에 짧은뜨기 1코. 빼뜨기 1코로 닫기. [36코]

실을 자르고 남은 실을 정리한다(6).

4

5

6

팔[크림으로 시작, 2개]
1단 : 매직링에 짧은뜨기 6코. [6코]
2단 : 코늘리기 6회. [12코]
3단 : (짧은뜨기 3코, 코늘리기 1회)×3회. [15코]

3단 끝에서 갈색 실을 건다.

4~11단(8단) : 각각의 코에 짧은뜨기 1코. [15코]
12단 : (짧은뜨기 3코, 코줄이기 1회)×3회. [12코]

팔에 충전재를 살짝 채운다.

팔을 핀으로 납작하게 고정하고 열린 부분을 맞물려 코들을 나란히 맞춘다. 마주 보는 2코씩 짧은뜨기로 차례로 닫아준다. [6코]

바느질할 실을 충분히 남기고 자른다 (7).

귀[갈색으로 시작, 2개]
1단 : 매직링에 짧은뜨기 8코. [8코]
2단 : (코늘리기 1회, 짧은뜨기 1코)×4회. [12코]
3단 : (짧은뜨기 2코, 코늘리기 1회)×4회. [16코]
4단 : 각각의 코에 짧은뜨기 1코. [16코]
5단 : (짧은뜨기 2코, 코줄이기 1회)×4회. [12코]

귀를 핀으로 납작하게 고정하고 열린 부분을 맞물려 코들을 나란히 맞춘다. 마주 보는 2코씩 짧은뜨기로 차례로 닫아준다. [6코]

바느질할 실을 충분히 남기고 자른다 (7).

꼬리[갈색]

1단: 매직링에 짧은뜨기 5코. [5코]
2~3단(2단): 짧은뜨기 5코. [5코]
4단: 짧은뜨기 4코, 코늘리기 1회. [6코]

빼뜨기 1코로 닫고, 바느질할 실을 충분히 남기고 자른다(7).

연결하기

귀의 양끝을 모아 꿰맨다(8). 다른 쪽 귀도 똑같이 꿰맨다.

머리의 6단 높이에 귀를 연결한다(9).

분홍색 칼라 아래에 팔을 연결한다(10).

머리에 충전재를 꼼꼼히 채운 후 완전히 닫는다.

몸통의 5단과 6단 높이에 꼬리를 연결한다(11).

분홍색 실로 옷 가장자리에 모티프를 수놓는다(12).

뺨에 블러셔를 바른다(13).

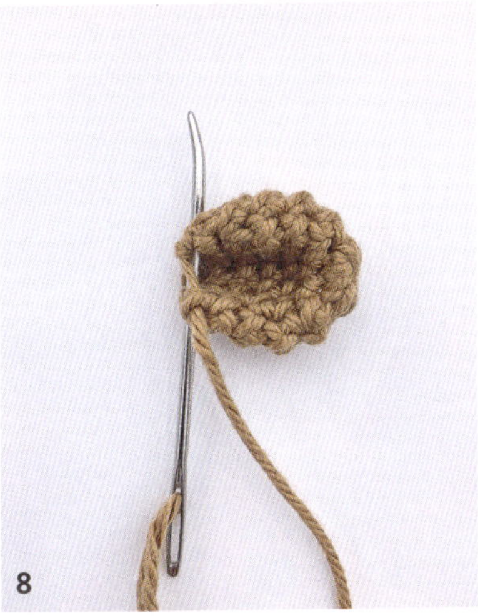

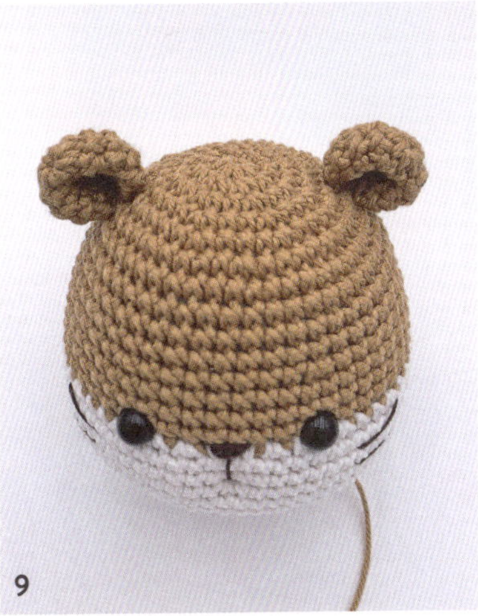

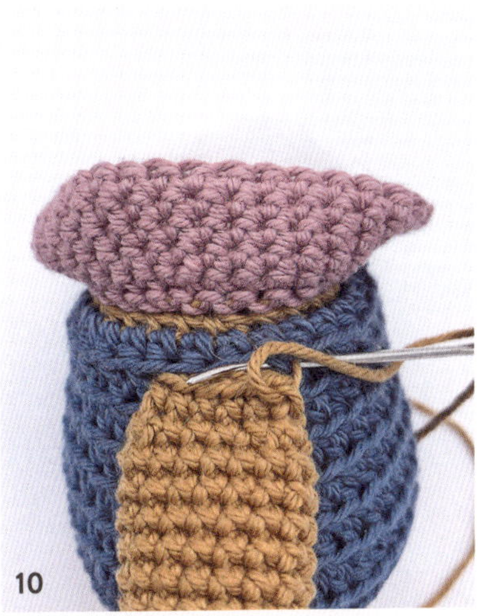

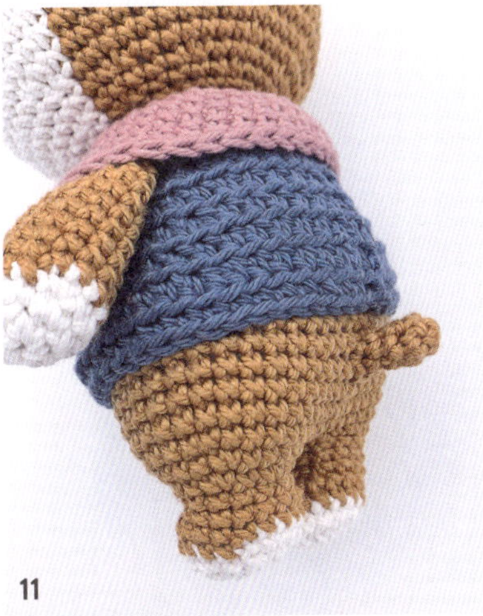

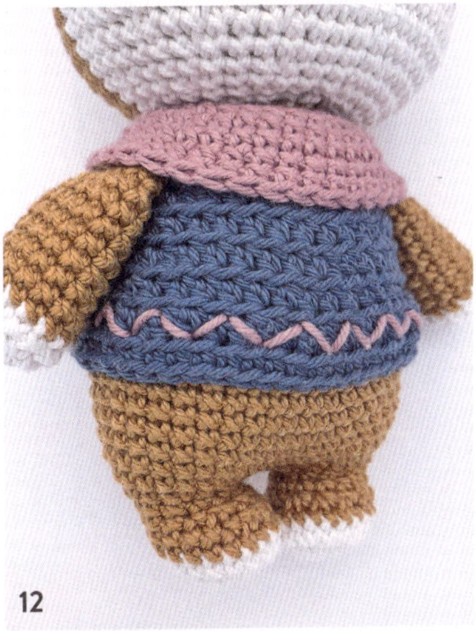

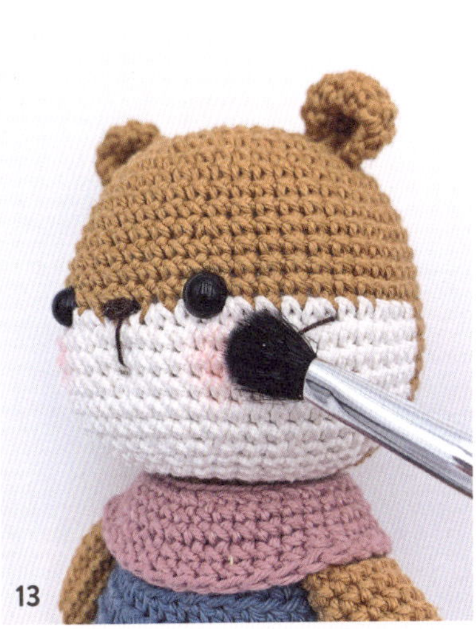

순록 디디 DIDI

아기순록 디디는 북극에서 가장 귀여운 아이야. 크리스마스가 다가오면 디디는 전 세계에서 온 편지를 산타클로스에 가져다주느라 무척 바빠. 너는 편지 썼어? 디디에게 편지를 맡겨봐. 직접 산타클로스에게 전해줄 테니까!

난이도
**

크기: 21cm

재료
• 기본 키트(9쪽 참조)
• 2.5mm 코바늘
• 8mm 나사눈 2개
• 리본과 종이 약간

실
• 해피코튼(DMC)
  - 773 베이지(1타래)
  - 777 갈색(3타래)
  - 789 빨강(1타래)
• 울리시크(DMC)
  - 064 진갈색(1타래)

팔(갈색, 2개)
1단: 매직링에 짧은뜨기 6코. [6코]
2단: 코늘리기 6회. [12코]
3단: (짧은뜨기 1코, 코늘리기 1회)×6회. [18코]
4~5단(2단): 각각의 코에 짧은뜨기 1코. [18코]
6단: (짧은뜨기 1코, 코줄이기 1회)×4회, 짧은뜨기 6코. [14코]
7단: (짧은뜨기 2코, 코줄이기 1회)×2회, 짧은뜨기 6코. [12코]
8단: 짧은뜨기 12코. [12코]
9단: (짧은뜨기 1코, 코줄이기 1회)×2회, 짧은뜨기 6코. [10코]
10~15단(6단): 각각의 코에 짧은뜨기 1코. [10코]

팔 아랫부분 반만 충전재를 가볍게 채운다. 반은 비워둔다.

팔을 핀으로 납작하게 고정하고 열린 부분을 맞물려 코들을 나란히 맞춘다. 마주 보는 2코씩 짧은뜨기로 차례로 닫아준다. [5코]

바느질할 실을 충분히 남기고 자른다(**1**).

다리(진갈색으로 시작, 2개)
1단: 매직링에 짧은뜨기 6코. [6코]
2단: 코늘리기 6회. [12코]
3단: (짧은뜨기 3코, 코늘리기 1회)×3회. [15코]
4단: 각각의 코에 짧은뜨기 1코. [15코]

4단 끝에서 갈색 실을 건다.

5~8단(4단): 각각의 코에 짧은뜨기 1코. [15코]

1

2

3

첫 번째 다리를 뜬 후에는 실을 자르지만 두 번째 다리를 뜬 후에는 자르지 않고 남겨둔다. 남겨둔 실은 두 다리를 연결하고 이어서 몸통을 뜨는 데 사용된다.

몸통[갈색]

연결한 두 다리에 이어서 뜬다.

두 번째 다리에서 시작한다. 사슬뜨기 3코를 뜬 후 짧은뜨기 1코로 첫 번째 다리에 잇는다(2). 이 짧은뜨기 코는 몸통의 첫 코가 된다.

1단: 첫 번째 다리 각각의 코에 짧은뜨기 1코를 뜨고, 사슬뜨기 3코 각각의 앞 반코에 짧은뜨기 1코. 두 번째 다리 각각의 코에 짧은뜨기 1코를 뜨고 사슬뜨기 3코 각각의 다른 반코에 짧은뜨기 1코. [36코]
2단: (짧은뜨기 5코, 코늘리기1회)×6회. [42코]
3~6단(4단): 각각의 코에 짧은뜨기 1코. [42코]

다리와 몸통에 충전재를 채우기 시작하고 뜨면서 계속 보충한다.

7단: (짧은뜨기 5코, 코늘리기 1회)×7회. [49코]
8~11단(4단): 각각의 코에 짧은뜨기 1코. [49코]
12단: (짧은뜨기 5코, 코줄이기 1회)×7회. [42코]
13~15단(3단): 각각의 코에 짧은뜨기 1코. [42코]
16단:(짧은뜨기 5코, 코줄이기 1회)×6회. [36코]
17~18단(2단): 각각의 코에 짧은뜨기 1코. [36코]
19단:(짧은뜨기 4코, 코줄이기 1회)×6

회. [30코]
20~21단(2단): 각각의 코에 짧은뜨기 1코. [30코]
22단: (짧은뜨기 3코, 코줄이기 1회)×6회. [24코]
23~25단(3단): 각각의 코에 짧은뜨기 1코. [24코]

25단 끝에서 진갈색 실을 건다. 단에서 기둥코인 사슬뜨기 2코는 한길긴뜨기 콧수로 세지 않는다.

26단(칼라): 앞 반코에 뜬다. 사슬뜨기 2코, 각각의 코에 한길긴뜨기 3코. [72코]

빼뜨기 1코로 닫고, 실을 자르고 남은 실을 정리한다(3).

배[크림]

시작코로 사슬뜨기 13코를 뜬다.

바늘에서 두 번째 사슬코에서 시작한다. 열마다 방향을 바꿔가며 왕복뜨기한다.

1~4열(4열): 짧은뜨기 12코, 사슬뜨기 1코, 편물의 방향을 돌린다. [12코]
5열: 짧은뜨기 3코, 코줄이기 1회, 짧은뜨기 2코, 코줄이기 1회, 짧은뜨기 3코, 사슬뜨기 1코. 편물의 방향을 돌린다. [10코]
6~8열(3열): 짧은뜨기 10코, 사슬뜨기 1코, 편물의 방향을 돌린다. [10코]
9열: 짧은뜨기 4코, 코줄이기 1회, 짧은뜨기 4코, 사슬뜨기 1코, 편물의 방향을 돌린다. [9코]
10열: 짧은뜨기 9코, 사슬뜨기 1코. 편물의 방향을 돌린다. [9코]
11열: 짧은뜨기 1코, 긴뜨기 2코, 한길긴뜨기 1코, 두길긴뜨기 1코, 한길긴뜨기

1코, 긴뜨기 2코, 짧은뜨기 1코. [9코]
11열 끝에서 배 주위를 짧은뜨기로 한 바퀴 둘러 떠주고(**4**) 빼뜨기 1코로 닫는다.

바느질할 실을 충분히 남기고 자른다.

갈색 실로 배에 무늬를 수놓는다(**5**).

꼬리 [갈색]

1단: 매직링에 짧은뜨기 6코. [6코]
2단: 코늘리기 6회. [12코]
3단: (짧은뜨기 1코, 코늘리기 1회)×6회. [18코]
4~5단(2단): 각각의 코에 짧은뜨기 1코. [18코]
6단: (짧은뜨기 1코, 코줄이기 1회)×6회. [12코]

꼬리에 충전재를 살짝 채운다.

7단: (짧은뜨기 1코, 코줄이기 1회)×4회. [8코]

빼뜨기 1코로 닫고, 바느질할 실을 충분히 남기고 자른다.

크림색 실로 꼬리 위에 하트를 수놓는다(**6**).

머리 [갈색으로 시작]

1단: 매직링에 짧은뜨기 8코. [8코]
2단: 코늘리기 8회. [16코]
3단: (짧은뜨기 1코, 코늘리기 1회)×8회. [24코]
4단: (짧은뜨기 2코, 코늘리기 1회)×8회. [32코]
5단: 짧은뜨기 1코, 코늘리기 1회, (짧은뜨기 3코, 코늘리기 1회)×7회, 짧은뜨기 2코. [40코]
6단: (짧은뜨기 4코, 코늘리기 1회)×8회. [48코]
7~10단(4단): 각각의 코에 짧은뜨기 1코. [48코]
11단: (짧은뜨기 7코, 코늘리기 1회)×6회. [54코]
12단: 짧은뜨기 36코 / 크림-짧은뜨기 4코 / 갈색-짧은뜨기 7코 / 크림-짧은뜨기 4코 / 갈색-짧은뜨기 3코. [54코]
13단: 짧은뜨기 35코 / 크림-짧은뜨기 6코 / 갈색-짧은뜨기 5코 / 크림-짧은뜨기 6코 / 갈색-짧은뜨기 2코. [54코]
14단: 짧은뜨기 34코 / 크림-짧은뜨기 8코 / 갈색-짧은뜨기 3코 / 크림-짧은뜨기 8코 / 갈색-짧은뜨기 1코. [54코]
15단: 짧은뜨기 33코 / 크림-짧은뜨기 9코 / 갈색-짧은뜨기 3코 / 크림-짧은뜨기 9코. [54코]
16단: 갈색-(짧은뜨기 8코, 코늘리기 1회)×3회, 짧은뜨기 5코 / 크림-짧은뜨기 3코, 코늘리기 1회, (짧은뜨기 8코, 코늘리기 1회)×2회. [60코]
17단: 짧은뜨기 1코 / 갈색-짧은뜨기 34코 / 크림-짧은뜨기 25코. [60코]
18단: 짧은뜨기 1코 / 갈색-짧은뜨기 7코, 코줄이기 1회, (짧은뜨기 8코, 코줄이기 1회)×2회, 짧은뜨기 5코 / 크림-짧은뜨기 3코, 코줄이기 1회, (짧은뜨기 8코, 코줄이기 1회)×2회. [54코]

19단 : 짧은뜨기 1코 / 갈색-짧은뜨기 6코, 코줄이기 1회, (짧은뜨기 7코, 코줄이기 1회)×2회, 짧은뜨기 5코 / 크림-짧은뜨기 2코, 코줄이기 1회, (짧은뜨기 7코, 코줄이기 1회)×2회. [48코]

20단 : 짧은뜨기 1코 / 갈색-짧은뜨기 5코, 코줄이기 1회, (짧은뜨기 6코, 코줄이기 1회)×2회, 짧은뜨기 5코 / 크림-짧은뜨기 1코, 코줄이기 1회, (짧은뜨기 6코, 코줄이기 1회)×2회. [42코]

21단 : 짧은뜨기 1코 / 갈색-짧은뜨기 4코, 코줄이기 1회, (짧은뜨기 5코, 코줄이기 1회)×2회, 짧은뜨기 5코 / 크림-코줄이기 1회, (짧은뜨기 5코, 코줄이기 1회)×2회. [36코]

22단 : 짧은뜨기 1코 / 갈색-짧은뜨기 3코, 코줄이기 1회, (짧은뜨기 4코, 코줄이기 1회)×3회 / 크림-(짧은뜨기 4코, 코줄이기 1회)×2회. [30코]

23단 : 짧은뜨기 1코 / 갈색-짧은뜨기 2코, 코줄이기 1회, (짧은뜨기 3코, 코줄이기 1회)×3회 / 크림-(짧은뜨기 3코, 코줄이기 1회)×2회. [24코]

빼뜨기 1코로 닫고, 바느질할 실을 충분히 남기고 자른다.

15단과 16단 사이에 9코 간격으로 두 눈을 단다. 두 눈은 두 개의 크림색 반원 안에 위치해야 한다.

머리를 충전재로 채운다(**7**).

주둥이[크림으로 시작]

1단 : 매직링에 짧은뜨기 6코. [6코]
2단 : 코늘리기 6회. [12코]
3단 : (짧은뜨기 1코, 코늘리기 1회)×6회. [18코]
4단 : 짧은뜨기 6코 / 갈색-짧은뜨기 3코 / 크림-짧은뜨기 9코. [18코]
5단 : 짧은뜨기 6코 / 갈색-짧은뜨기 3코 / 크림-짧은뜨기 5코. [14코]
이 단은 여기서 멈추고 나머지 4코는 그대로 둔다.

빼뜨기 1코로 닫고, 바느질할 실을 충분히 남기고 자른다.

팁

나중에 주둥이를 바느질로 연결할 때 쓸 수 있도록 두 가지 색 실을 모두 남겨두었어요.

코[빨강]

1단 : 매직링에 짧은뜨기 6코. [6코]
2단 : 짧은뜨기 1코, 코줄이기 1회, 짧은뜨기 2코. [5코]
이 단은 여기서 멈추고 나머지 1코는 그대로 둔다.

빼뜨기 1코로 닫고, 실을 자르고 코를 주둥이에 바느질로 연결한다(**8**).

뿔(진갈색으로 시작, 2개)

뿔은 두 부분으로 구성되는데 나중에 이어줄 것이다.

첫 번째 부분

1단: 매직링에 짧은뜨기 6코. [6코]
2단: 코늘리기 1회, 짧은뜨기 5코. [7코] 실을 자른다.

두 번째 부분

1단: 매직링에 짧은뜨기 6코. [6코]
2단: (코늘리기 1회, 짧은뜨기 2코)×2회. [8코]
3~5단(3단): 각각의 코에 짧은뜨기 1코. [8코]

실을 자르지 않는다. 짧은뜨기 1코로 첫 번째 부분과 연결한다. 이 짧은뜨기는 뿔의 첫 번째 코가 된다.

6단: 첫 번째 부분 각각의 코에 짧은뜨기 1코, 두 번째 부분 각각의 코에 짧은뜨기 1코. [15코]
7단: (짧은뜨기 1코, 코줄이기 1회)×5회. [10코]
8단: (짧은뜨기 3코, 코줄이기 1회)×2회. [8코]
9단: 각각의 코에 짧은뜨기 1코. [8코]

빼뜨기 1코로 닫고, 바느질할 실을 충분히 남기고 자른다(**9**). 뿔을 충전재로 채운다.

귀(갈색으로 시작, 2개)

1단: 매직링에 짧은뜨기 6코. [6코]
2단: 코늘리기 6회. [12코]
3단: (짧은뜨기 1코, 코늘리기 1회)×6회. [18코]
4단: 짧은뜨기 8코 / 크림-짧은뜨기 2코 / 갈색-짧은뜨기 8코. [18코]
5단: 짧은뜨기 7코 / 크림-짧은뜨기 4코 / 갈색-짧은뜨기 7코. [18코]
6~9단(4단): 짧은뜨기 7코 / 크림-짧은뜨기 5코 / 갈색-짧은뜨기 6코. [18코]
10단: 짧은뜨기 4코, 코줄이기 1회, 짧은뜨기 1코 / 크림-짧은뜨기 2코, 코줄이기 1회, 짧은뜨기 1코 / 갈색-짧은뜨기 1코, 코줄이기 1회, 짧은뜨기 3코. [15코]
11단: 짧은뜨기 6코 / 크림-짧은뜨기 4코 / 갈색-짧은뜨기 5코. [15코]
12단: 짧은뜨기 3코, 코줄이기 1회, 짧은뜨기 2코 / 크림-코줄이기 1회 / 갈색-짧은뜨기 2코, 코줄이기 1회. [10코]
이 단은 여기서 멈추고 나머지 2코는 그대로 둔다.

귀를 핀으로 납작하게 고정하고 열린 부분을 맞물려 코들을 나란히 맞춘다(크림색 부분이 중앙에 위치하는지 확인한다). 마주 보는 2코씩 짧은뜨기로 차례로 닫아준다. [5코]

바느질할 실을 충분히 남기고 자른다(**10**).

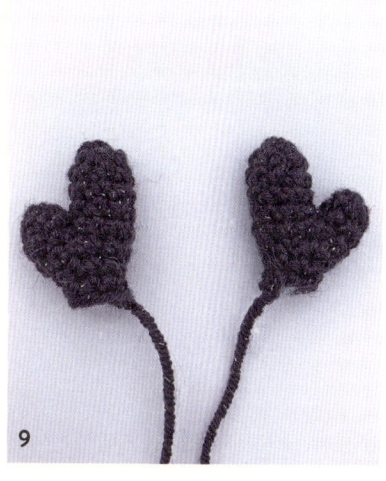

작은 가방(빨강)

시작코로 사슬뜨기 8코를 뜬다. 이 시작코를 중심으로 원형뜨기를 한다. 단의 기둥코인 사슬뜨기는 짧은뜨기 콧수로 세지 않는다.

1단: 바늘에서 두 번째 사슬코에서 시작한다. 코늘리기 1회, 이어지는 사슬뜨기 5코 각각에 짧은뜨기 1코, 마지막 사슬뜨기 코에 짧은뜨기 4코. 맞은편도 이어서 뜬다. 사슬뜨기 5코 각각에 짧은뜨기 1코, 코늘리기 1회. 빼뜨기 1코로 닫기. [18코]

2~7단(6단): 사슬뜨기 1코, 각각의 코에 짧은뜨기 1코. 빼뜨기 1코로 닫기. [18코]

8단: 사슬뜨기 1코, 짧은뜨기 9코. 사슬뜨기 42코로 가방끈을 뜬 후 바늘에서 두 번째 코부터(**11**) 사슬뜨기 41코 각각에 짧은뜨기 1코.
가방에 해당하는 부분에 계속 뜬다. 짧은뜨기 9코, 빼뜨기 1코로 닫기. [59코]

실을 자르고 가방끈을 가방 옆에 바느질로 이어준다(**12**).

리본으로 나비넥타이를 만들어 가방에 달아준다.

종이로 작은 편지를 만든다(**13**).

연결하기

배를 붙여주고, 몸통의 마지막 단에서 2단 높은 위치에 팔을 연결한다(**14**).

꼬리를 연결한다(**15**).

뿔을 머리의 3단과 4단 사이에 핀으로 고정하고 바느질로 연결한다.

뿔에서 2단 아래 위치에 귀를 연결한다.

주둥이의 갈색 부분이 머리의 15단과 16단 사이에 오도록 자리를 잡아 연결한다. 머리에 충전재를 꼼꼼하게 채운 후 완전히 닫는다.

크림색 실로 머리에 V자 모양 하트를 여러 개 수놓는다(**16**).

뺨에 블러셔를 바른다.

11

12

13

14

15

16

코끼리 엘리엇 ELLIOT

서커스단에서 일하는 코끼리 엘리엇은 어린이들이 가장 좋아하는 친구야. 엘리엇은 나비넥타이 색깔을 굉장히 중요하게 생각해서 그날의 기분에 맞게 넥타이를 바꾸기도 하지. 오늘은 에너지가 넘치는데 과연 어떤 색 넥타이를 선택할까?

난 이 도
**

크기: 21cm

재료
• 기본 키트(9쪽 참조)
• 2.5mm 코바늘
• 9mm 나사눈 2개
• 6mm 단추 2개

실
• 해피코튼(DMC)
  - 761 크림(1타래)
  - 767 파랑(3타래)
  - 775 검정(1타래)
  - 791 빨강(약간)

머리[파랑]
1단: 매직링에 짧은뜨기 8코. [8코]
2단: 코늘리기 8회. [16코]
3단: (짧은뜨기 1코, 코늘리기 1회)×8회. [24코]
4단: (짧은뜨기 2코, 코늘리기 1회)×8회. [32코]
5단: 짧은뜨기 1코, 코늘리기 1회, (짧은뜨기 3코, 코늘리기 1회)×7회, 짧은뜨기 2코. [40코]
6단: (짧은뜨기 4코, 코늘리기 1회)×8회. [48코]
7단: 각각의 코에 짧은뜨기 1코. [48코]
8단: (짧은뜨기 7코, 코늘리기 1회)×6회. [54코]
9~17단(9단): 각각의 코에 짧은뜨기 1코. [54코]
18단: (짧은뜨기 8코, 코늘리기 1회)×6회. [60코]
19단: 각각의 코에 짧은뜨기 1코. [60코]
20단: (짧은뜨기 9코, 코늘리기 1회)×6회. [66코]
21단: 각각의 코에 짧은뜨기 1코. [66코]
22단: (짧은뜨기 9코, 코줄이기 1회)×6회. [60코]
23단: 짧은뜨기 3코, 코줄이기 1회, (짧은뜨기 8코, 코줄이기 1회)×5회, 짧은뜨기 5코. [54코]

24단: (짧은뜨기 7코, 코줄이기 1회)×6회. [48코]
25단: 짧은뜨기 2코, 코줄이기 1회, (짧은뜨기 6코, 코줄이기 1회)×5회, 짧은뜨기 4코. [42코]
26단: (짧은뜨기 5코, 코줄이기 1회)×6회. [36코]
27단: (짧은뜨기 4코, 코줄이기 1회)×6회. [30코]

빼뜨기 1코로 닫고, 바느질할 실을 충분히 남기고 자른다.

17단과 18단 사이에 9코 간격으로 두 눈을 단다.

머리를 충전재로 채운다.

코 (파랑)

1단: 매직링에 짧은뜨기 8코. [8코]
2단: (코늘리기 1회, 짧은뜨기 1코)×4회. [12코]
3단: 뒤 반코에 뜬다. 짧은뜨기 11코, 코늘리기 1회. [13코]
4단: 각각의 코에 짧은뜨기 1코. [13코]
5단: 짧은뜨기 4코, 빼뜨기 3코, 짧은뜨기 5코, 코늘리기 1회. [14코]
6단: 각각의 코에 짧은뜨기 1코. [14코]
7단: 짧은뜨기 5코, 빼뜨기 3코, 짧은뜨기 5코, 코늘리기 1회. [15코]
8단: 각각의 코에 짧은뜨기 1코. [15코]
9단: 짧은뜨기 6코, 빼뜨기 3코, 짧은뜨기 5코, 코늘리기 1회. [16코]
10단: 각각의 코에 짧은뜨기 1코. [16코]
11단: 짧은뜨기 15코, 코늘리기 1회. [17코]
12단: 각각의 코에 짧은뜨기 1코. [17코]
13단: 짧은뜨기 15코, 코늘리기 1회. [18코]
14단: 각각의 코에 짧은뜨기 1코. [18코]
15단: 짧은뜨기 16코, 코늘리기 2회. [20코]

빼뜨기 1코로 닫고, 바느질할 실을 충분히 남기고 자른다.

충전재로 코를 채운다.

상아 (크림, 2개)

1단: 매직링에 짧은뜨기 5코. [5코]
2단: 코늘리기 1회, 짧은뜨기 4코. [6코]
3단: 코늘리기 1회, 짧은뜨기 5코. [7코]
4단: 코늘리기 1회, 짧은뜨기 6코. [8코]

빼뜨기 1코로 닫고, 바느질할 실을 충분히 남기고 자른다.

귀 (파랑, 2개)

1단: 매직링에 짧은뜨기 8코. [8코]
2단: (코늘리기 1회, 짧은뜨기 1코)×4회. [12코]
3단: (짧은뜨기 2코, 코늘리기 1회)×4회. [16코]
4단: (짧은뜨기 3코, 코늘리기 1회)×4회. [20코]
5단: (짧은뜨기 1코, 코늘리기 1회)×10회. [30코]

6단: 각각의 코에 짧은뜨기 1코. [30코]
7단: (짧은뜨기 2코, 코늘리기 1회)×10회. [40코]
8단: (짧은뜨기 3코, 코늘리기 1회)×10회. [50코]
9단: 짧은뜨기 2코, 코줄이기 2회, 짧은뜨기 44코. [48코]
10단: 짧은뜨기 1코, 코줄이기 2회, 짧은뜨기 43코. [46코]
11단: 코줄이기 2회, 짧은뜨기 40코, 코줄이기 1회. [43코]
12단: 코줄이기 1회, 짧은뜨기 39코, 코줄이기 1회. [41코]
13단: 코줄이기 1회, 짧은뜨기 39코. [40코]
14단: 짧은뜨기 20코. [20코]
이 단은 여기서 멈추고 나머지 20코는 그대로 둔다.

귀를 핀으로 납작하게 고정하고 열린 부분을 맞물려 코들을 나란히 맞춘다(1). 마주 보는 2코씩 짧은뜨기로 차례로 닫아준다. [20코]

바느질할 실을 충분히 남기고 자른다(2).

머리 연결하기

머리의 16단과 22단 사이에 코를 핀으로 고정한다. 이때 코가 눈 사이 중앙에 위치하는지 확인한다. 코를 연결한다(3).

머리 5단과 18단 사이에 귀를 핀으로 고정한다(4). 위에서부터 총 15코에 귀를 연결한다(5).

코 양옆에 상아를 각각 연결한다(6, 7).

팔 (파랑으로 시작, 2개)

1단: 매직링에 짧은뜨기 8코. [8코]
2단: 코늘리기 8회. [16코]
3단: (짧은뜨기 7코, 코늘리기 1회)×2회. [18코]
4~6단(3단): 각각의 코에 짧은뜨기 1코. [18코]

6단 끝에서 크림색 실을 건다.

7단: 뒤 반코에 뜬다. 각각의 코에 짧은뜨기 1코. [18코]
8~14단(7단): 각각의 코에 짧은뜨기 1코. [18코]
15단: (짧은뜨기 4코, 코줄이기 1회)×3회. [15코]

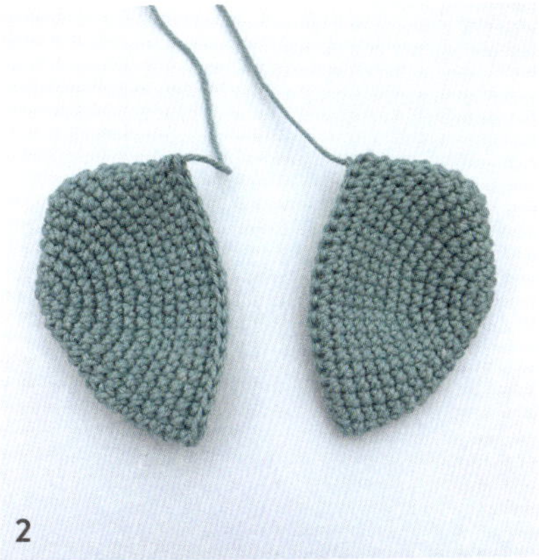

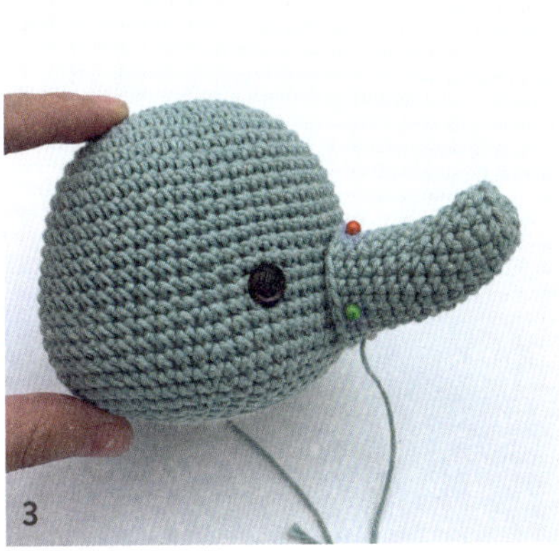

충전재로 팔을 가볍게 채운다.

팔을 핀으로 납작하게 고정하고 열린 부분을 맞물려 코들을 나란히 맞춘다. 마주 보는 2코씩 짧은뜨기로 차례로 닫아준다.[7코]

바느질할 실을 충분히 남기고 자른다.

소매 디테일은 옆 박스를 참고한다.

꼬리 [파랑]

1단 : 매직링에 짧은뜨기 6코. [6코]
2단 : 코늘리기 1회, 짧은뜨기 5코. [7코]
3단 : 각각의 코에 짧은뜨기 1코. [7코]
4단 : 코늘리기 1회, 짧은뜨기 6코. [8코]
5~8단(4단) : 각각의 코에 짧은뜨기 1코. [8코]
9단 : (코늘리기 1회, 짧은뜨기 3코)×2회. [10코]
10~11단(2단) : 각각의 코에 짧은뜨기 1코. [10코]

빼뜨기 1코로 닫고, 바느질할 실을 충분히 남기고 자른다.

꼬리 끝을 매듭지은 다음 실끝을 잘라 실을 여러 가닥으로 흐트러뜨린다(10, 11, 12).

소매 디테일

팔을 거꾸로 놓고 6단 앞 반코에 뜬다. 바늘을 마지막 코에 넣고 크림색 실을 걸어(8) 각각의 코에 빼뜨기 1코를 뜬다. 실을 자르고 남은 실을 정리한다(9).

8

9

10

11

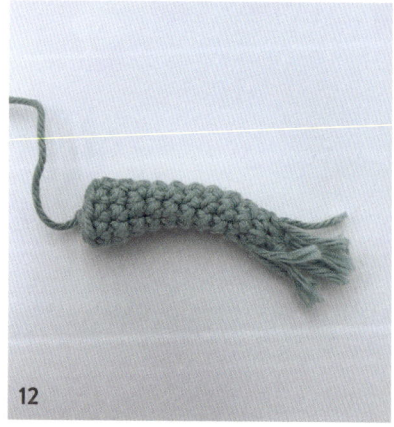

12

다리(파랑으로 시작, 2개)

1단: 매직링에 짧은뜨기 8코. [8코]

2단: 코늘리기 8회. [16코]

3단: (짧은뜨기 3코, 코늘리기 1회)×4회. [20코]

4~7단(4단): 각각의 코에 짧은뜨기 1코. [20코]

7단 끝에서 검은색 실을 건다.

8단: 뒤 반코에 뜬다. 각각의 코에 짧은뜨기 1코. [20코]

9단: 각각의 코에 짧은뜨기 1코. [20코]

첫 번째 다리를 뜬 후에는 실을 자르지만 두 번째 다리를 뜬 후에는 자르지 않고 남겨둔다. 남겨둔 실은 두 다리를 연결하고 이어서 몸통을 뜨는 데 사용된다.

바지 디테일은 옆 박스를 참조한다.

몸통[검정으로 시작]

연결된 두 다리에서 시작한다.

두 번째 다리에서 시작한다. 사슬뜨기 2코를 뜬 후 짧은뜨기 1코로 첫 번째 다리에 잇는다. 이 짧은뜨기 코는 몸통의 첫 코가 된다.

1단: 첫 번째 다리 각각의 코에 짧은뜨기 1코를 뜨고, 사슬뜨기 2코 각각의 앞 반코마다 짧은뜨기 1코. 두 번째 다리 각각의 코에 짧은뜨기 1코를 뜨고 사슬뜨기 2코마다 다른 반코에 짧은뜨기 1코. [44코]

2단: (짧은뜨기 10코, 코늘리기 1회)×4회. [48코]

3~9단(7단): 각각의 코에 짧은뜨기 1코. [48코]

10단: 각각의 코에 짧은뜨기 1코, 등 중앙에서 멈춘다.

10단 끝에서 크림색 실을 건다. 검은색 실은 몸통 바깥에 그대로 두었다가 나중에 멜빵을 뜬다(15).

다리와 몸통에 충전재를 채우기 시작하고 뜨개질을 하면서 계속 보충한다.

11단: 뒤 반코에 뜬다. (짧은뜨기 6코, 코줄이기 1회)×6회. [42코]

12~18단(7단): 각각의 코에 짧은뜨기 1코. [42코]

19단: (짧은뜨기 5코, 코줄이기 1회)×6회. [36코]

20~25단(6단): 각각의 코에 짧은뜨기 1코. [36코]

26단: 뒤 반코에 뜬다. (짧은뜨기 4코, 코줄이기 1회)×6회. [30코]

빼뜨기 1코로 닫고, 바느질할 실을 충분히 남기고 자른다.

바지 디테일

다리를 거꾸로 놓고 7단의 앞 반코에 뜬다. 단의 두 번째 코에 바늘을 넣고 검은색 실을 걸어(13) 각각의 코에 빼뜨기 1코 뜬다. 실을 자르고 남은 실을 정리한다(14).

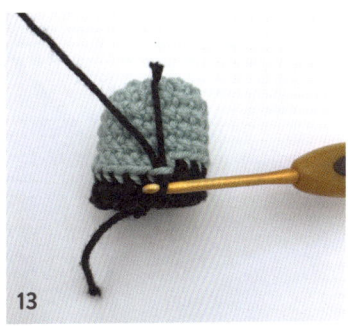

13

14

15

멜빵(검정)

몸통을 거꾸로 놓고 10단 앞 반코에 뜬다. 바늘을 단의 마지막 코에 넣고 검은색 실을 걸어(16) 사슬뜨기 37코를 뜬다(17). 바늘에서 두 번째 코에 바늘을 넣고 사슬뜨기 36코에 빼뜨기 1코씩 뜬다(첫 번째 멜빵). 몸통에 단 끝까지 빼뜨기 1코씩 뜬다(18). 사슬뜨기 37코 뜬다(19). 바늘에서 두 번째 코에 바늘을 넣고 사슬뜨기 36코에 빼뜨기 1코씩 뜬다(두 번째 멜빵). 몸통에 빼뜨기 1코씩 뜬다.

멜빵을 몸통에 연결할 수 있도록 실을 충분히 남기고 자른다(20).

칼라(흰색)

몸통을 거꾸로 놓고 25단 앞 반코에 뜬다. 몸통의 앞쪽이 보이도록 놓고 바늘을 몸통 가운데 코에 넣고 크림색 실을 건다(21). 왕복뜨기를 한다.

1열 : 사슬뜨기 3코, 각각의 코에 한길긴뜨기 1코, 편물의 방향을 돌린다. [36코]
2열 : 사슬뜨기 1코, 각각의 코에 짧은뜨기 1코. [36코]

실을 자르고 남은 실을 정리한다(22).

몸통 연결하기

칼라에서 2단 아래에 팔을 연결한다. 멜빵을 연결한다(23).

몸통의 9단, 10단 높이에 꼬리를 연결한다(24).

몸통에 단추를 단다.

머리에 충전재를 꼼꼼하게 채운 후 완전히 닫는다.

액세서리

모자(검정)

1단 : 매직링에 짧은뜨기 8코. [8코]
2단 : 코늘리기 8회. [16코]
3단 : (짧은뜨기 1코, 코늘리기 1회)×8회. [24코]
4단 : (짧은뜨기 5코, 코늘리기 1회)×4회. [28코]
5단 : 뒤 반코에 뜬다. 각각의 코에 짧은뜨기 1코. [28코]
6단 : 각각의 코에 짧은뜨기 1코. [28코]
7단 : (짧은뜨기 5코, 코줄이기 1회)×4회. [24코]
8단 : 각각의 코에 짧은뜨기 1코. [24코]
9단 : (짧은뜨기 4코, 코줄이기 1회)×4회. [20코]
10단 : 각각의 코에 짧은뜨기 1코. [20코]
11단 : 앞 반코에 뜬다. 사슬뜨기 2코, (한길긴뜨기 1코, 같은 코에 한길긴뜨기 2코)×10회. 빼뜨기 1코로 닫기. [30코]

실을 자르고 남은 실을 정리한다(25).

모자를 머리에 붙이고 싶으면 바느질할 실을 충분히 남겨놓는다.

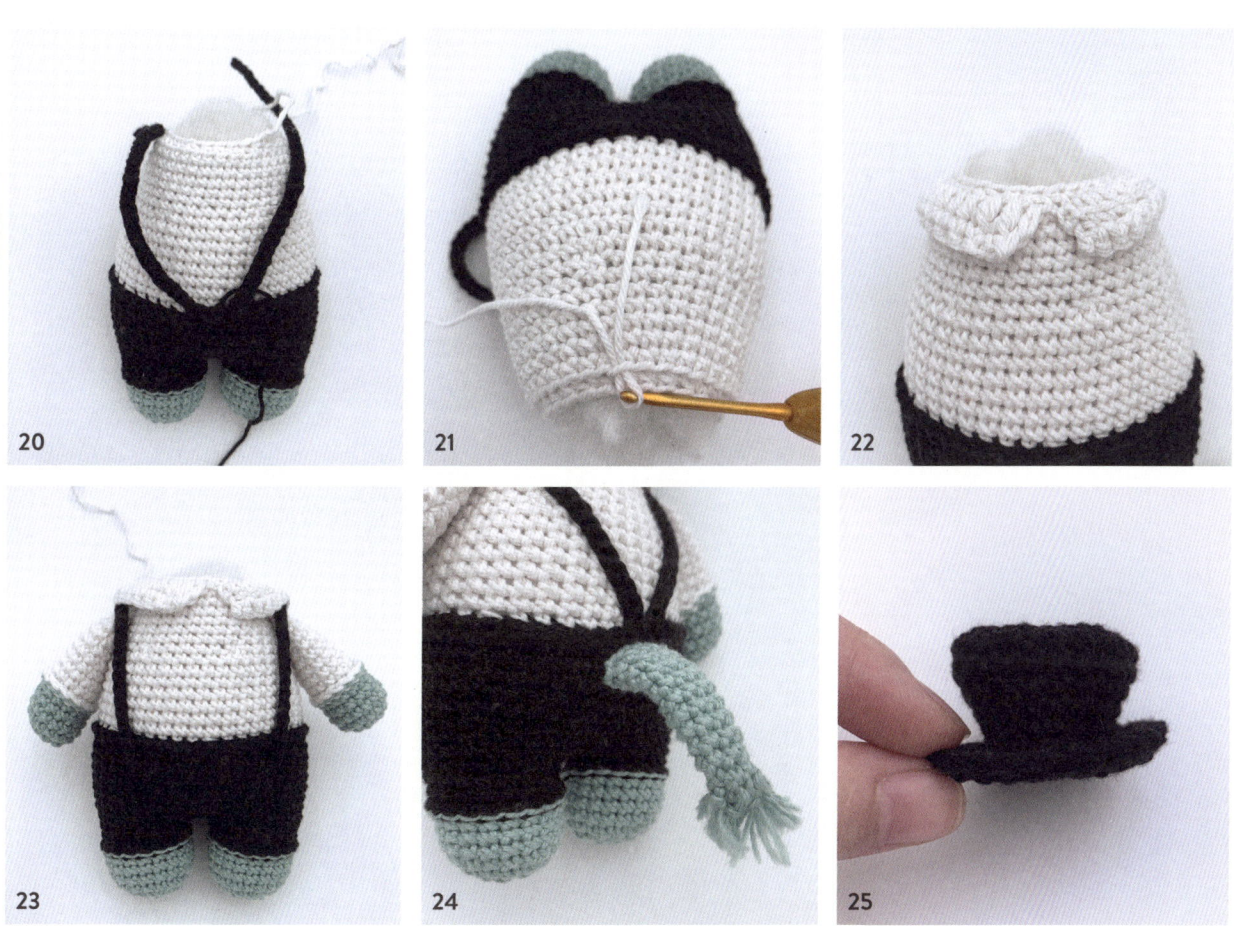

26

27

28

29

나비넥타이[빨강]

목걸이
사슬뜨기 80코를 뜨고 실을 자른다. 이 사슬은 리본을 목에 묶는 역할을 한다.

리본
시작코로 사슬뜨기 11코를 뜬다. 바늘에서 세 번째 코부터 뜨기 시작한다. 시작코를 중심으로 왕복뜨기한다.

1열: 각각의 코에 긴뜨기 1코, 방향을 돌린다. [9코]
2~3열(2열): 사슬뜨기 2코, 각각의 코에 긴뜨기 1코, 편물의 방향을 돌린다. [9코]

뜨개질로 만든 직사각형의 중간을 묶어 리본 모양으로 만들 실을 충분히 남겨두고 자른다(**26, 27**). 남긴 실은 리본을 목걸이에 고정하는 데도 사용한다(**28**).

원하는 색으로 나비넥타이를 여러 개 만든다(**29**).

복어 플러피 FLUFFY

우리는 다른 복어는 모르지만 진정한 과학사 플러피는 잘 알지. 플러피는
시간이 날 때마다 바닷속을 헤엄치며 아름다운 산호를 연구하는 걸 좋아해.

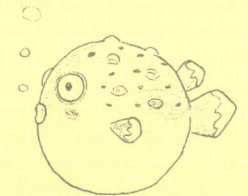

크기: 14cm

재료
• 기본 키트(9쪽 참조)
• 2.5mm 코바늘
• 8mm 나사눈 2개

실
• 해피코튼(DMC)
 - 753 오렌지(1타래)
 - 761 크림(1타래)
 - 770 연노랑(1타래)
 - 794 노랑(1타래)

몸통 [크림으로 시작]

1단: 매직링에 짧은뜨기 8코. [8코]

2단: 코늘리기 8회. [16코]

3단: 노랑-(짧은뜨기 1코, 코늘리기 1회)×3회 / 크림-(짧은뜨기 1코, 코늘리기 1회)×5회. [24코]

4단: 노랑-(짧은뜨기 2코, 코늘리기 1회)×3회 / 크림-(짧은뜨기 2코, 코늘리기 1회)×5회. [32코]

5단: 노랑-(짧은뜨기 3코, 코늘리기 1회)×3회 / 크림-(짧은뜨기 3코, 코늘리기 1회)×5회. [40코]

6단: 노랑-짧은뜨기 2코, 코늘리기 1회, (짧은뜨기 4코, 코늘리기 1회)×2회, 짧은뜨기 2코 / 크림-짧은뜨기 2코, 코늘리기 1회, (짧은뜨기 4코, 코늘리기 1회)×4회, 짧은뜨기 2코. [48코]

7단: 노랑-짧은뜨기 18코 / 크림-짧은뜨기 30코. [48코]

8단: 노랑-(짧은뜨기 7코, 코늘리기 1회)×2회, 짧은뜨기 2코 / 크림-짧은뜨기 5코, 코늘리기 1회, (짧은뜨기 7코, 코늘리기 1회)×3회. [54코]

9단: 노랑-짧은뜨기 3코, 코늘리기 1회, 짧은뜨기 8코, 코늘리기 1회, 짧은뜨기 7코 / 크림-짧은뜨기 1코, 코늘리기 1회, (짧은뜨기 8코, 코늘리기 1회)×3회, 짧은뜨기 4코 / 연노랑-짧은뜨기 1코. [60코]

10단: 노랑-(코늘리기 1회, 짧은뜨기 4코)×4회, 코늘리기 1회, 짧은뜨기 1코 / 연노랑-짧은뜨기 1코 / 크림-짧은뜨기 35코 / 연노랑-짧은뜨기 2코. [65코]

11단: 노랑-짧은뜨기 27코 / 연노랑-짧은뜨기 2코, / 크림-짧은뜨기 33코 / 연노랑-짧은뜨기 3코. [65코]

12단: 노랑-짧은뜨기 27코 / 연노랑-짧은뜨기 3코 / 크림-짧은뜨기 31코 / 연노랑-짧은뜨기 4코. [65코]

13~15단(3단): 노랑-짧은뜨기 27코 / 연노랑-짧은뜨기 4코 / 크림-짧은뜨기 30코 / 연노랑-짧은뜨기 4코. [65코]

16단: 노랑-짧은뜨기 1코, 팝콘뜨기 1코, (짧은뜨기 4코, 팝콘뜨기 1코)×5회 / 연노랑-짧은뜨기 4코 / 크림-짧은뜨기 30코 / 연노랑-짧은뜨기 4코. [65코]

17~21단(5단): 노랑-짧은뜨기 27코 / 연노랑-짧은뜨기 4코 / 크림-짧은뜨기 30코 / 연노랑-짧은뜨기 4코. [65코]

22단: 노랑-짧은뜨기 3코, 팝콘뜨기 1코, (짧은뜨기 4코, 팝콘뜨기 1코)×4회, 짧은뜨기 3코 / 연노랑-짧은뜨기 4코 / 크림-짧은뜨기 30코 / 연노랑-짧은뜨기 4코. [65코]

23~25단(3단): 노랑-짧은뜨기 27코 / 연노랑-짧은뜨기 4코 / 크림-짧은뜨기 30코 / 연노랑-짧은뜨기 4코. [65코]

1

2

3

26단: 노랑-(짧은뜨기 11코, 코줄이기 1회)×2회, 짧은뜨기 1코 / 연노랑-짧은뜨기 4코 / 크림-짧은뜨기 6코, 코줄이기 1회, 짧은뜨기 11코, 코줄이기 1회, 짧은뜨기 9코 / 연노랑-짧은뜨기 2코, 코줄이기 1회. [60코]

27단: 노랑-짧은뜨기 5코, (코줄이기 1회, 짧은뜨기 8코)×2회 / 연노랑-코줄이기 1회, 짧은뜨기 2코 / 크림-짧은뜨기 6코, 코줄이기 1회, (짧은뜨기 8코, 코줄이기 1회)×2회 / 연노랑-짧은뜨기 3코. [54코]

28단: 노랑-짧은뜨기 3코, 코줄이기 1회, 팝콘뜨기 1코, 짧은뜨기 6코, 코줄이기 1회, 짧은뜨기 4코, 팝콘뜨기 1코, 짧은뜨기 2코, 코줄이기 1회 / 연노랑-짧은뜨기 3코 / 크림-짧은뜨기 4코, 코줄이기 1회, (짧은뜨기 7코, 코줄이기 1회)×2회, 짧은뜨기 1코 / 연노랑-짧은뜨기 3코. [48코]

29단: 노랑-짧은뜨기 20코 / 연노랑-짧은뜨기 3코 / 크림-짧은뜨기 22코 / 연노랑-짧은뜨기 3코. [48코]

30단: 노랑-(짧은뜨기 6코, 코줄이기 1회)×2회, 짧은뜨기 4코 / 연노랑-짧은뜨기 2코 / 크림-코줄이기 1회, (짧은뜨기 6코, 코줄이기 1회)×2회, 짧은뜨기 5코 / 연노랑-짧은뜨기 1코, 코줄이기 1회. [42코]

몸통에 충전재를 채우기 시작하고 뜨개질을 하면서 계속 보충한다.

31단: 노랑-짧은뜨기 2코, 코줄이기 1회, (짧은뜨기 5코, 코줄이기 1회)×2회 / 연노랑-짧은뜨기 2코 / 크림-짧은뜨기 3코, 코줄이기 1회, (짧은뜨기 5코, 코줄이기 1회)×2회, 짧은뜨기 1코 / 연노랑-짧은뜨기 2코. [36코]

32단: 노랑-(짧은뜨기 4코, 코줄이기 1회)×2회, 짧은뜨기 3코 / 연노랑-짧은뜨기 1코 / 크림-(코줄이기 1회, 짧은뜨기 4코)×3회 / 연노랑-코줄이기 1회. [30코]

33단: 노랑-짧은뜨기 13코 / 크림-짧은뜨기 17코. [30코]

34단: 노랑-(짧은뜨기 3코, 코줄이기 1회)×2회, 짧은뜨기 3코 / 크림-코줄이기 1회, (짧은뜨기 3코, 코줄이기 1회)×3회. [24코]

35단: 노랑-(짧은뜨기 2코, 코줄이기 1회)×2회, 짧은뜨기 2코 / 크림-코줄이기 1회, (짧은뜨기 2코, 코줄이기 1회)×3회. [18코]

36단: 노랑-(짧은뜨기 1코, 코줄이기 1회)×2회, 짧은뜨기 1코 / 크림-코줄이기 1회, (짧은뜨기 1코, 코줄이기 1회)×3회. [12코]

37단: 코줄이기 6회. [6코]

여기서 멈추고 남은 코를 닫는다.

눈[크림으로 시작, 2개]

1단: 매직링에 짧은뜨기 6코. [6코]

2단: 코늘리기 6회. [12코]

3단: (짧은뜨기 1코, 코늘리기 1회)×6회. [18코]

3단 끝에서 노란색 실을 건다.

4단: 각각의 코에 짧은뜨기 1코. [18코]

5단: 앞 반코에 뜬다. 각각의 코에 짧은뜨기 1코. [18코]

바느질할 실을 충분히 남기고 자른다.

보이지 않게 사슬 연결하기(23쪽 참조)로 마무리한다(1).

매직링 안에 나사눈을 단다(2, 3).

주둥이[오렌지]

1단: 매직링에 짧은뜨기 6코. [6코]

2단: 코늘리기 6회. [12코]

3단: 앞 반코에 뜬다. 각각의 코에 짧은뜨기 1코. [12코]

바느질할 실을 충분히 남기고 자른다.

보이지 않게 사슬 연결하기(23쪽 참조)로 마무리한다(**4**).

지느러미

옆지느러미[오렌지로 시작, 2개]

1단: 매직링에 짧은뜨기 6코. [6코]

2단: 코늘리기 6회. [12코]

3단: (오렌지-짧은뜨기 2코 / 노랑-코늘리기 1회)×4회. [16코]

4단: (오렌지-짧은뜨기 2코 / 노랑-짧은뜨기 2코)×4회. [16코]

오렌지색 실을 자르고 노란색 실을 건다.

5단: (짧은뜨기 6코, 코줄이기 1회)×2회. [14코]

6단: (짧은뜨기 5코, 코줄이기 1회)×2회. [12코]

지느러미를 핀으로 납작하게 고정하고 열린 부분을 맞물려 코들을 나란히 맞춘다. 마주 보는 2코씩 짧은뜨기로 차례로 닫아준다. [6코](**4**).

바느질할 실을 충분히 남기고 자른다.

4

등지느러미(오렌지로 시작)
1단: 매직링에 짧은뜨기 6코. [6코]
2단: 코늘리기 6회. [12코]
3단: (짧은뜨기 1코, 코늘리기 1회)×6회. [18코]
4단: (오렌지-짧은뜨기 1코 / 노랑-짧은뜨기 2코)×6회. [18코]

오렌지색 실을 자르고 노란색 실을 건다.

5단: (짧은뜨기 7코, 코줄이기 1회)×2회. [16코]
6단: (코줄이기 1회, 짧은뜨기 6코)×2회. [14코]
7단: (짧은뜨기 5코, 코줄이기 1회)×2회. [12코]

빼뜨기 1코로 닫고, 바느질할 실을 충분히 남기고 자른다 (4).

등지느러미를 충전재로 가볍게 채운다.

꼬리지느러미(오렌지로 시작)
1단: 매직링에 짧은뜨기 6코. [6코]
2단: 코늘리기 6회. [12코]
3단: (짧은뜨기 1코, 코늘리기 1회)×6회. [18코]
4단: (짧은뜨기 2코, 코늘리기 1회)×6회. [24코]
5단: (오렌지-짧은뜨기 3코 / 노랑-짧은뜨기 1코)×6회. [24코]
6단: (오렌지-짧은뜨기 2코 / 노랑-짧은뜨기 2코 / 오렌지-짧은뜨기 2코 / 노랑-짧은뜨기 2코 / 오렌지-짧은뜨기 2코 / 노랑-코줄이기 1회)×2회. [22코]

오렌지색 실을 자르고 노란색 실을 건다.

7단: (짧은뜨기 9코, 코줄이기 1회)×2회. [20코]
8단: (짧은뜨기 8코, 코줄이기 1회)×2회. [18코]
9단: (코줄이기 1회, 짧은뜨기 7코)×2회. [16코]
10단: (짧은뜨기 6코, 코줄이기 1회)×2회. [14코]
11단: (코줄이기 1회, 짧은뜨기 5코)×2회. [12코]

빼뜨기 1코로 닫고, 바느질할 실을 충분히 남기고 자른다.

꼬리지느러미를 충전재로 가볍게 채운다.

연결하기
핀으로 1단과 3단 사이에 주둥이를 고정한다. 마찬가지로 핀으로 몸통 6단과 11단 사이에 눈을 고정한다. 각각을 바느질로 연결한다(5).

몸통 18단 높이에 옆지느러미를 연결한다(6, 7).

핀으로 24단과 28단 사이에 등지느러미, 31단과 35단 사이에 꼬리지느러미를 고정하고(8), 바느질로 연결한다.

오렌지색 실로 몸통에 작은 돌기를 수놓는다(9).

사자 조조 JOJO

난이도
★★★

크기: 26cm

재료
• 기본 키트(9쪽 참조)
• 2.5mm 코바늘
• 9mm 나사눈 2개

실
• 해피코튼(DMC)
  - 750 진파랑(1타래)
  - 753 오렌지(1타래)
  - 761 크림(약간)
  - 773 베이지(3타래)
  - 776 갈색(1타래)
  - 780 녹색(1타래)
  - 786 파랑(1타래)
  - 788 노랑(1타래)
  - 789 빨강(1타래)
  - 794 진노랑(1타래)
  - 795 보라(1타래)
• 진갈색 자수실

조조는 다른 사자들과 달라. 이 세상에서 가장 독특한 색깔의 갈기를 가지고 있거든. 조조는 대초원에서 사는 모든 동물을 돌봐줘. 조조가 좋아하는 스포츠는 달리기야.

머리(베이지)

시작코로 사슬뜨기 12코를 뜬다. 이 시작코를 바탕으로 원형뜨기한다.

1단: 바늘에서 두 번째 사슬코에서 시작한다. 코늘리기 1회, 이어지는 사슬뜨기 9코 각각에 짧은뜨기 1코, 마지막 코에 짧은뜨기 3코. 맞은편도 이어서 뜬다. 사슬뜨기 10코 각각에 짧은뜨기 1코. [24코]

2단: 코늘리기 2회, 짧은뜨기 9코, 코늘리기 3회, 짧은뜨기 9코, 코늘리기 1회. [30코]

3단: (짧은뜨기 1코, 코늘리기 1회)×2회, 짧은뜨기 10코, (코늘리기 1회, 짧은뜨기 1코)×3회, 짧은뜨기 9회, 코늘리기 1회. [36코]

4단: (짧은뜨기 5코, 코늘리기 1회)×6회. [42코]

5단: 짧은뜨기 2코, 코늘리기 1회, (짧은뜨기 6코, 코늘리기 1회)×5회, 짧은뜨기 4코. [48코]

6단: (짧은뜨기 7코, 코늘리기 1회)×6회. [54코]

7~17단(11단): 각각의 코에 짧은뜨기 1코. [54코]

18단: (짧은뜨기 8코, 코늘리기 1회)×6회. [60코]

19~20단(2단): 각각의 코에 짧은뜨기 1코. [60코]

21단: (짧은뜨기 8코, 코줄이기 1회)×6회. [54코]

22단: 짧은뜨기 3코, 코줄이기 1회, (짧은뜨기 7코, 코줄이기 1회)×5회, 짧은뜨기 4코. [48코]

14단과 15단 사이에 9코 간격을 두고 눈을 단다. 머리를 충전재로 채우기 시작하고 뜨개질을 하면서 계속 보충한다.

23단: (짧은뜨기 6코, 코줄이기 1회)×6회. [42코]

24단: 짧은뜨기 2코, 코줄이기 1회, (짧은뜨기 5코, 코줄이기 1회)×5회, 짧은뜨기 3코. [36코]

25단: (짧은뜨기 4코, 코줄이기 1회)×6회. [30코]

26단: 짧은뜨기 1코, 코줄이기 1회, (짧은뜨기 3코, 코줄이기 1회)×5회, 짧은뜨기 2코. [24코]

1

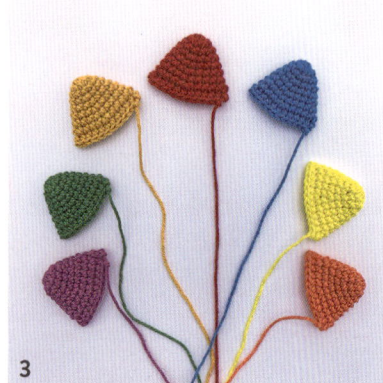

27단 : (짧은뜨기 2코, 코줄이기 1회)×6회. [18단]
28단 : (짧은뜨기 1코, 코줄이기 1회)×6회. [12단]
29단 : 코줄이기 6회. [6코]

실을 자르고 남은 코를 닫는다(**1**).

콧등 [갈색]

시작코로 사슬뜨기 9코를 뜬다. 이 시작코를 중심으로 원형뜨기한다.

1단 : 바늘에서 두 번째 사슬코에서 시작한다. 사슬뜨기 7코 각각에 짧은뜨기 1코, 마지막 사슬코에 짧은뜨기 2코. 맞은편도 이어서 뜬다. 사슬뜨기 7코 각각에 짧은뜨기 1코. [16코]
2~4단(3단) : 각각의 코에 짧은뜨기 1코. [16코]
5단 : (코줄이기 1회, 짧은뜨기 6코)×2코. [14코]
6~10단(5단) : 각각의 코에 짧은뜨기 1코. [14코]
11단 : (코줄이기 1회, 짧은뜨기 5코)×2회. [12코]
12~17단(6단) : 각각의 코에 짧은뜨기 1코. [12코]
18단 : (코줄이기 1회, 짧은뜨기 4코)×2회. [10코]

콧등을 핀으로 납작하게 고정하고 열린 부분을 맞물려 코들을 나란히 맞춘다. 마주 보는 2코씩 짧은뜨기로 차례로 닫아준다. [5코]
바느질할 실을 충분히 남기고 자른다.

자수실로 콧등에 코와 작은 줄을 수놓는다(**2**).

주둥이 [크림, 2개]

1단 : 매직링에 짧은뜨기 6코. [6코]
2단 : 코늘리기 6회. [12코]
3단 : 각각의 코에 짧은뜨기 1코. [12코]

빼뜨기 1코로 닫고, 바느질할 실을 충분히 남기고 자른다.

갈기 [서로 다른 색으로 7개]

1단 : 매직링에 짧은뜨기 8코. [8코]
2단 : (코늘리기 1회, 짧은뜨기 1코)×4회. [12코]
3단 : 각각의 코에 짧은뜨기 1코. [12코]
4단 : (짧은뜨기 2코, 코늘리기 1회)×4회. [16코]
5단 : 각각의 코에 짧은뜨기 1코. [16코]
6단 : (짧은뜨기 3코, 코늘리기 1회)×4회. [20코]
7단 : 각각의 코에 짧은뜨기 1코. [20코]
8단 : (짧은뜨기 4코, 코늘리기 1회)×4회. [24코]

삼각형 갈기를 핀으로 납작하게 고정하고 열린 부분을 맞물려 코들을 나란히 맞춘다. 마주 보는 2코씩 짧은뜨기로 차례로 닫아준다. [12코]

바느질할 실을 충분히 남기고 자른다(**3**).

귀(베이지, 2개)

1단: 매직링에 짧은뜨기 8코. [8코]
2단: 코늘리기 8회. [16코]
3~4단(2단): 각각의 코에 짧은뜨기
1코. [16코]

귀를 핀으로 납작하게 고정하고 열린
부분을 맞물려 코들을 나란히 맞춘다.
마주 보는 2코씩 짧은뜨기로 차례로 닫
아준다. [8코]

바느질할 실을 충분히 남기고 자른다.

머리 연결하기

귀의 양끝을 모아 꿰맨다(4). 다른 쪽
귀도 똑같이 바느질한다. 핀으로 귀와
콧등을 고정하고 바느질로 연결한다(5,
6).

핀으로 주둥이를 고정하고 연결한다
(7).

자수실로 입을 수놓는다(8, 9).

핀으로 머리 주위에 7개의 삼각형 갈기
를 고정하고 바느질로 연결한다(10,
11).

자수실로 양쪽 귀 아래에 눈썹을 수놓
는다.

뺨에 블러셔를 바른다(12).

4

5

6

7

8

9

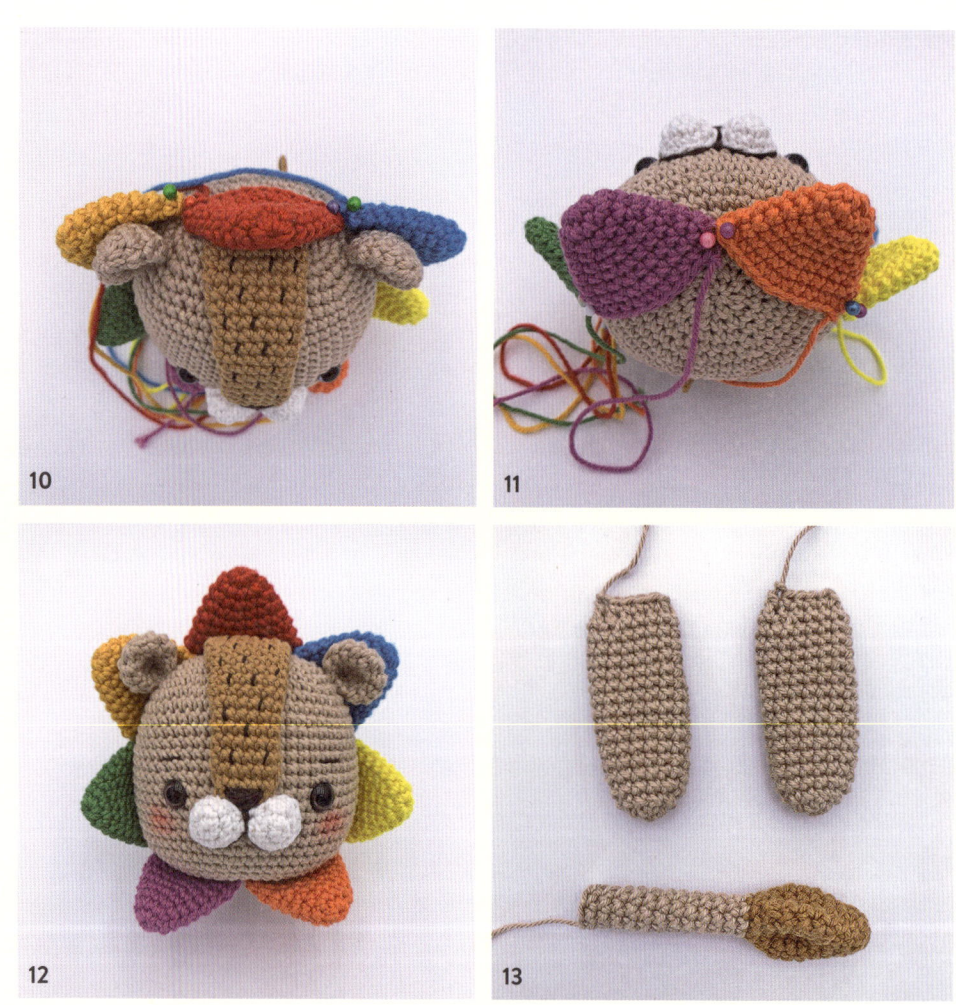

팔(베이지, 2개)

1단: 매직링에 짧은뜨기 6코. [6코]

2단: 코늘리기 6회. [12코]

3단: (짧은뜨기 3코, 코늘리기 1회)×3회. [15코]

4~16단(13단): 각각의 코에 짧은뜨기 1코. [15코]

17단: (짧은뜨기 3코, 코줄이기 1회)×3회. [12코]

팔을 핀으로 납작하게 고정하고 열린 부분을 맞물려 나란히 맞춘다. 마주 보는 2코씩 짧은뜨기로 차례로 닫아준다. [6코]

바느질할 실을 충분히 남기고 자른다 (13).

꼬리(갈색으로 시작)

1단: 매직링에 짧은뜨기 6코. [6코]

2단: (짧은뜨기 1코, 코늘리기 1회)×3회. [9코]

3단: 각각의 코에 짧은뜨기 1코. [9코]

4단: (짧은뜨기 2코, 코늘리기 1회)×3회. [12코]

5단: (짧은뜨기 1코, 코늘리기 1회)×6회. [18코]

6~8단(3단): 각각의 코에 짧은뜨기 1코. [18코]

9단: (짧은뜨기 1코, 코줄이기 1회)×6회. [12코]

10단: (짧은뜨기 1코, 코줄이기 1회)×4회. [8코]

10단 끝에서 베이지색 실을 건다.

11~22단(12단): 각각의 코에 짧은뜨기 1코. [8코]

빼뜨기 1코로 닫고, 바느질할 실을 충분히 남기고 자른다 (13).

다리(베이지로 시작, 2개)

1단: 매직링에 짧은뜨기 8코. [8코]

2단: 코늘리기 8회. [16코]

3단: (짧은뜨기 3코, 코늘리기 1회)×4회. [20코]

4~6단(3단): 각각의 코에 짧은뜨기 1코. [20코]

7단: (짧은뜨기 4코, 코늘리기 1회)×4회. [24코]

7단 끝에서 진파랑과 갈색 실을 건다. 여기서부터는 각 단에 진파랑 2코와 갈색 1코를 번갈아가며 뜬다.

8단: 뒤 반코에 뜬다. (진파랑-짧은뜨기 2코 / 갈색-짧은뜨기 1코)×8회. [24코]

9~17단(9단): (진파랑-짧은뜨기 2코 / 갈색-짧은뜨기 1코)×8회. [24코]

첫 번째 다리를 뜬 후에는 실을 자르지만 두 번째 다리를 뜬 후에는 자르지 않고 남겨둔다. 남겨둔 실은 두 다리를 연결하고 이어서 몸통을 뜨는 데 사용된다.

바지 디테일은 옆 박스를 참조한다.

14

15

몸통(바지는 진파랑과 갈색 교차)
연결된 두 다리에서 시작한다.

두 번째 다리에서 시작한다. 짧은뜨기
1코로 첫 번째 다리에 잇는다(16). 이
짧은뜨기 코는 몸통의 첫 코가 된다.
1단: 첫 번째 다리에 (진파랑-짧은뜨기
2코 / 갈색-짧은뜨기 1코)×8회, 두 번째
다리에 (진파랑-짧은뜨기 2코 / 갈색-
짧은뜨기 1코)×8회. [48코]
2~7단(6단): (진파랑-짧은뜨기 2코 /
갈색-짧은뜨기 1코)×16회. [48코]

몸통과 다리를 충전재로 단단하게 채우
기 시작하고 뜨개질을 하면서 계속 보
충한다.

7단 끝에서 베이지색 실을 건다. 갈색
실은 자른다. 진파랑 실은 나중에 바지
디테일과 멜빵을 뜰 수 있도록 몸통 바
깥에 그대로 둔다(17).

8단: 뒤 반코에 뜬다. 각각의 코에 짧은
뜨기 1코. [48코]
9~11단(3단): 각각의 코에 짧은뜨기
1코. [48코]
12단: (짧은뜨기 6코, 코줄이기 1회)×6
회. [42코]
13~15단(3단): 각각의 코에 짧은뜨기
1코. [42코]
16단: (짧은뜨기 5코, 코줄이기 1회)×6
회. [36코]
17~21단(5단): 각각의 코에 짧은뜨기
1코. [36코]
22단: (짧은뜨기 4코, 코줄이기 1회)×6
회. [30코]
23단: 긴뜨기 7코, 짧은뜨기 21코, 긴뜨
기 2코. [30코]

긴뜨기가 모여 있는 곳이 등의 중앙이
된다.

24단: 긴뜨기 7코, 짧은뜨기 1코. [8코]
이 단은 여기서 멈추고 나머지 22코는
그대로 둔다.

빼뜨기 1코로 닫고, 실을 자르고 남은
실은 정리한다.

멜빵 디테일은 79쪽을 참조한다.

참고

몸통에 멜빵을 대고 길이가 적절한
지 확인하면 완벽한 멜빵을 뜰 수 있
다. 원하는 길이의 멜빵을 만들기 위
해 사슬뜨기를 몇 코 더 뜨거나 덜
뜨게 될 수 있다.

핀으로 등 중앙의 10코를 표시한다
(18). 몸통을 거꾸로 놓고 7단의 앞 반
코에 뜬다. 바늘을 코에 넣고 진파랑
실을 걸어(19) 첫 표시까지 빼뜨기를
한다. 사슬뜨기 40코를 뜨고(20), 바
늘에서 두 번째 코에 바늘을 넣고 사슬
뜨기 39코 각각에 빼뜨기를 한다(첫
번째 멜빵). 두 번째 표시까지 몸통에
빼뜨기를 한다(21). 사슬뜨기 40코를
뜨고(22) 바늘에서 두 번째 코에 바늘
을 넣어 사슬뜨기 39코 각각에 빼뜨기
를 한다(두 번째 멜빵). 단 마지막까지
몸통에 빼뜨기를 한다(23). 멜빵을 몸
통에 연결할 실을 충분히 남기고 자른
다(24).

18

19

20

21

22

23

24

몸통 연결하기

몸통 마지막 단의 1단 아래에 팔을 연결한다(25).

멜빵을 몸통 뒤에서 교차시켜 앞쪽에 연결한다(26, 27).

몸통의 7단에 꼬리를 연결한다(28).

머리를 연결한다.

족제비 리주나 LIZUNA

족제비 리주나는 일본 홋카이도섬에 있는 숲속에 살아. 그곳 땅은 겨울 동안 눈에 덮이지. 올해는 눈 속에서 친구들과 춥지 않게 놀 수 있도록 엄마가 손수 목도리를 떠주셨어.

난이도
*

크기: 23cm

재료
• 기본 키트(9쪽 참조)
• 2.5mm 코바늘
• 9mm 나사눈 2개

실
• 해피코튼(DMC)
 – 762 흰색(2타래)
 – 768 분홍(1타래)
 – 791 빨강(1타래)
• 분홍색 자수실

머리[흰색]

1단: 매직링에 짧은뜨기 8코. [8코]
2단: 코늘리기 8회. [16코]
3단: (짧은뜨기 1코, 코늘리기 1회)×8회. [24코]
4단: (짧은뜨기 2코, 코늘리기 1회)×8회. [32코]
5단: 짧은뜨기 1코, 코늘리기 1회, (짧은뜨기 3코, 코늘리기 1회)×7회, 짧은뜨기 2코. [40코]
6단: (짧은뜨기 4코, 코늘리기 1회)×8회. [48코]
7~11단(5단): 각각의 코에 짧은뜨기 1코. [48코]
12단: (짧은뜨기 7코, 코늘리기 1회)×6회. [54코]
13~16단(4단): 각각의 코에 짧은뜨기 1코. [54코]
17단: (짧은뜨기 8코, 코늘리기 1회)×6회. [60코]

18단: 짧은뜨기 4코, 코늘리기 1회, (짧은뜨기 9코, 코늘리기 1회)×5회, 짧은뜨기 5코. [66코]
19단: (짧은뜨기 9코, 코줄이기 1회)×6회. [60코]
20단: 짧은뜨기 4코, 코줄이기 1회, (짧은뜨기 8코, 코줄이기 1회)×5회, 짧은뜨기 4코. [54코]
21단: (짧은뜨기 7코, 코줄이기 1회)×6회. [48코]
22단: 짧은뜨기 3코, 코줄이기 1회, (짧은뜨기 6코, 코줄이기 1회)×5회, 짧은뜨기 3코. [42코]
23단: (짧은뜨기 5코, 코줄이기 1회)×6회. [36코]
24단: 짧은뜨기 2코, 코줄이기 1회, (짧은뜨기 4코, 코줄이기 1회)×5회, 짧은뜨기 2코. [30코]
25단: (짧은뜨기 3코, 코줄이기 1회)×6회. [24코]

빼뜨기 1코로 닫고, 바느질할 실을 충분히 남기고 자른다.

머리의 15단과 16단 사이에 8코 간격으로 두 눈을 단다.

머리를 충전재로 채운다.

분홍색 자수실로 눈 사이에 코를 수놓는다(**1**).

1

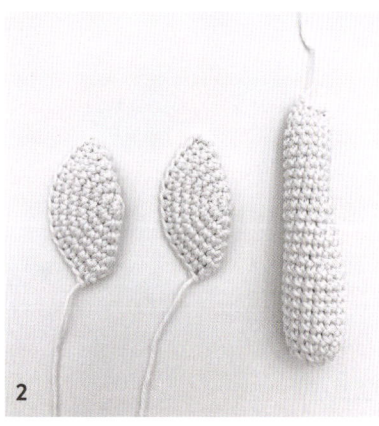

귀[흰색, 2개]

1단 : 매직링에 짧은뜨기 6코. [6코]

2단 : 코늘리기 6회. [12코]

3단 : (짧은뜨기 1코, 코늘리기 1회)×6회. [18코]

4단 : (짧은뜨기 2코, 코늘리기 1회)×6회. [24코]

5단 : (짧은뜨기 3코, 코늘리기 1회)×6회. [30코]

6단 : 각각의 코에 짧은뜨기 1코. [30코]

귀를 핀으로 납작하게 고정하고 열린 부분을 맞물려 코들을 나란히 맞춘다. 마주 보는 2코씩 짧은뜨기로 차례로 닫아준다. [15코]

바느질할 실을 충분히 남기고 자른다 (2).

꼬리[흰색]

1단 : 매직링에 짧은뜨기 6코. [6코]

2단 : 코늘리기 6회. [12코]

3단 : (짧은뜨기 3코, 코늘리기 1회)×3회. [15코]

4~10단(7단) : 각각의 코에 짧은뜨기 1코. [15코]

11단 : 짧은뜨기 13코, 코줄이기 1회. [14코]

꼬리를 충전재로 가볍게 채우기 시작하고 뜨개질을 하면서 계속 보충한다.

12~13단(2단) : 각각의 코에 짧은뜨기 1코. [14코]

14단 : 짧은뜨기 12코, 코줄이기 1회. [13코]

15~16단(2단) : 각각의 코에 짧은뜨기 1코. [13코]

17단 : 짧은뜨기 11코, 코줄이기 1회. [12코]

18~24단(7단) : 각각의 코에 짧은뜨기 1코. [12코]

25단 : (짧은뜨기 4코, 코줄이기 1회)×2회. [10코]

꼬리를 핀으로 납작하게 고정하고 열린 부분을 맞물려 코들을 나란히 맞춘다. 마주 보는 2코씩 짧은뜨기로 차례로 닫아준다. [5코]

바느질할 실을 충분히 남기고 자른다 (2).

팔[흰색으로 시작, 2개]

1단 : 매직링에 짧은뜨기 6코. [6코]

2단 : 코늘리기 6회. [12코]

3~6단(4단) : 각각의 코에 짧은뜨기 1코. [12코]

6단 끝에서 분홍색 실을 건다.

7~17단(11단) : 각각의 코에 짧은뜨기 1코. [12코]

팔을 핀으로 납작하게 고정하고 열린 부분을 맞물려 코들을 나란히 맞춘다. 마주 보는 2코씩 짧은뜨기로 차례로 닫아준다. [6코]

바느질할 실을 충분히 남기고 자른다 (3).

다리(빨강으로 시작)

첫 번째 다리

1단: 매직링에 짧은뜨기 8코. [8코]

2단: 코늘리기 8회. [16코]

3단: 짧은뜨기 1코, 코늘리기 1회, 짧은뜨기 4코, 코늘리기 4회, 짧은뜨기 4코, 코늘리기 1회, 짧은뜨기 1코. [22코]

4단: 뒤 반코에 뜬다. 각각의 코에 짧은뜨기 1코. [22코]

5~6단(2단): 각각의 코에 짧은뜨기 1코. [22코]

7단: 짧은뜨기 7코, 코줄이기 4회, 짧은뜨기 7코. [18코]

8단: 짧은뜨기 5코, 코줄이기 4회, 짧은뜨기 5코. [14코]

9~11단(3단): 각각의 코에 짧은뜨기 1코. [14코]

11단 끝에서 흰색 실을 걸고, 빨간색 실은 나중에 디테일을 뜰 수 있도록 바깥에 그대로 둔다(**4**).

12단: 뒤 반코에 뜬다. (짧은뜨기 1코, 코늘리기 1회)×7회. [21코]

13단: (짧은뜨기 6코, 코늘리기 1회)×3회. [24코]

14단: 짧은뜨기 17코. [17코]
이 단은 여기서 멈추고 나머지 7코는 그대로 둔다.

신발 디테일은 옆 박스를 참조한다.

두 번째 다리

1~13단(13단): 첫 번째 다리와 동일하게 뜬다.

14단: 각각의 코에 짧은뜨기 1코. [24코]

15단: 짧은뜨기 6코. [6코]

이 단은 여기서 멈추고 나머지 18코는 그대로 둔다.

실은 자르지 않고 남겨둔다. 남겨둔 실은 두 다리를 연결하고 이어서 몸통을 뜨는 데 사용된다.

몸통(흰색으로 시작)

연결한 두 다리에 이어서 뜬다.

두 번째 다리에서 시작한다. 짧은뜨기 1코로 첫 번째 다리에 잇는다(**7**). 이 짧은뜨기 코는 몸통의 첫 코가 된다.

1단: 첫 번째 다리 각각의 코에 짧은뜨기 1코. 두 번째 다리 각각의 코에 짧은뜨기 1코. [48코]

2~5단(4단): 각각의 코에 짧은뜨기 1코. [48코]

다리에 충전재를 채우기 시작하고 뜨개질을 하면서 계속 보충한다.

6단: (짧은뜨기 6코, 코줄이기 1회)×6회. [42코]

7단: 각각의 코에 짧은뜨기 1코. [42코]

7단 끝에서 분홍색 실을 건다. 여기서부터 끝까지 분홍 2단과 빨강 1단을 번갈아 가며 뜬다.

8단: 뒤 반코에 뜬다. 각각의 코에 짧은뜨기 1코. [42코]

신발 디테일

11단 앞 반코에 뜬다. 바늘을 단 마지막 코에 넣고 빨간색 실을 걸어(**5**) 사슬뜨기 1코, 각각의 코에 긴뜨기 1코를 뜨고, 빼뜨기 1코로 닫는다. [14코]
실을 자르고 남은 실을 정리한다(**6**).

5

6

7

9~15단(7단): 각각의 코에 짧은뜨기 1코. [42코]

16단: (짧은뜨기 5코, 코줄이기 1회)×6회. [36코]

17~24단(8단): 각각의 코에 짧은뜨기 1코. [36코]

25단: (짧은뜨기 4코, 코줄이기 1회)×6회. [30코]

26~30단(5단): 각각의 코에 짧은뜨기 1코. [30코]

31단: (짧은뜨기 3코, 코줄이기 1회)×6회. [24코]

빼뜨기 1코로 닫고, 바느질할 실을 충분히 남기고 자른다.

옷 디테일은 옆 박스를 참조한다.

목도리(빨강)

시작코로 사슬뜨기 101코를 뜬다. 이 시작코를 중심으로 원형뜨기한다.

바늘에서 두 번째 코부터 뜬다. 코늘리기 1회, 사슬뜨기 98코 각각에 짧은뜨기 1코, 마지막 사슬코에 짧은뜨기 3코. 맞은편도 이어서 뜬다. 사슬뜨기 99코 각각에 짧은뜨기 1코. 빼뜨기 1코로 닫는다. [202코]

실을 자르고 남은 실을 정리한다(**10**).

옷 디테일

몸통을 거꾸로 놓고 7단의 앞 반코에 뜬다. 단의 마지막 코에 바늘을 넣고 분홍색 실을 걸어(8) 각각의 코에 빼뜨기 1코를 뜬다. 실을 자르고 남은 실을 정리한다(9).

연결하기

몸통의 마지막 단에서 2단 아래에 팔을 연결한다(**11, 12**).

꼬리를 단다(**13**).

핀으로 귀를 머리 양옆, 3단과 12단 사이(**14**)에 고정하고 바느질로 연결한다(**15**).

머리를 연결하고 충전재를 꼼꼼히 채운 후 닫아준다.

뺨에 블러셔를 바른다.

10

11

12

13

14

15

얼룩소 러키 LUCKY

난이도
★★★

크기: 20cm

재료
• 기본 키트(9쪽 참조)
• 2.5mm 코바늘
• 9mm 나사눈 2개

실
• 해피코튼(DMC)
 - 752 녹색(1타래)
 - 761 크림(1타래)
 - 763 분홍(1타래)
 - 773 베이지(약간)
 - 774 갈색(1타래)
 - 775 검정(1타래)
 - 794 노랑(약간)
• 진갈색 자수실

얼룩소 러키는 행복해. 곧 농장에 봄이 오기 때문이야. 빨리 양배추, 브로콜리, 당근 같은 채소를 심고 싶어서 안달이 났지. 러키는 채소 심는 데 필요한 건 뭐든지 갖추고 있어. 너는 어떤 채소를 좋아해?

머리[크림으로 시작]

1단: 매직링에 짧은뜨기 8코. [8코]

2단: 코늘리기 8회. [16코]

3단: (짧은뜨기 1코, 코늘리기 1회)×2회 / 검정-(짧은뜨기 1코, 코늘리기 1회)×3회 / 크림-(짧은뜨기 1코, 코늘리기 1회)×3회. [24코]

4단: 짧은뜨기 2코, 코늘리기 1회, 짧은뜨기 2코 / 검정-(코늘리기 1회, 짧은뜨기 2코)×3회, 코늘리기 1회, 짧은뜨기 1코 / 크림-짧은뜨기 1코, 코늘리기 1회, (짧은뜨기 2코, 코늘리기 1회)×2회. [32코]

5단: 짧은뜨기 3코, 코늘리기 1회, 짧은뜨기 1코 / 검정-짧은뜨기 2코, 코늘리기 1회, (짧은뜨기 3코, 코늘리기 1회)×3회, 짧은뜨기 2코 / 크림-짧은뜨기 1코, 코늘리기 1회, (짧은뜨기 3코, 코늘리기 1회)×2회. [40코]

6단: 짧은뜨기 4코, 코늘리기 1회 / 검정-(짧은뜨기 4코, 코늘리기 1회)×4회, 짧은뜨기 2코 / 크림-짧은뜨기 2코, 코늘리기 1회, (짧은뜨기 4코, 코늘리기 1회)×2회. [48코]

7단: 짧은뜨기 6코 / 검정-짧은뜨기 27코 / 크림-짧은뜨기 15코. [48코]

8단: 짧은뜨기 6코 / 검정-짧은뜨기 1코, 코늘리기 1회, (짧은뜨기 7코, 코늘리기 1회)×3회, 짧은뜨기 2코 / 크림-짧은뜨기 5코, 코늘리기 1회, 짧은뜨기 7코, 코늘리기 1회. [54코]

9~12단(4단): 짧은뜨기 6코 / 검정-짧은뜨기 33코 / 크림-짧은뜨기 15코. [54코]

13~14단(2단): 짧은뜨기 7코 / 검정-짧은뜨기 31코 / 크림-짧은뜨기 16코. [54코]

15~16단(2단): 짧은뜨기 8코 / 검정-짧은뜨기 29코 / 크림-짧은뜨기 17코. [54코]

17단: 각각의 코에 짧은뜨기 1코. [54코]

18단: (짧은뜨기 8코, 코늘리기 1회)×2회, 짧은뜨기 8코 / 분홍-(코늘리기 1회, 짧은뜨기 8코)×3회, 코늘리기 1회. [60코]

19~20단(2단): 크림-짧은뜨기 28코 / 분홍-짧은뜨기 32코. [60코]

21단: 크림-(짧은뜨기 9코, 코늘리기 1회)×2회, 짧은뜨기 8코 / 분홍-짧은뜨기 1코, 코늘리기 1회, (짧은뜨기 9코, 코늘리기 1회)×3회. [66코]

22단: 크림-(짧은뜨기 9코, 코줄이기 1회)×2회, 짧은뜨기 8코 / 분홍-짧은뜨기 1코, 코줄이기 1회, (짧은뜨기 9코, 코줄이기 1회)×3회. [60코]

23단: 크림-짧은뜨기 4코, 코줄이기 1회, (짧은뜨기 8코, 코줄이기 1회)×2회, 짧은뜨기 2코 / 분홍-짧은뜨기 6코, 코줄이기 1회, (짧은뜨기 8코, 코줄이기 1회)×2회, 짧은뜨기 4코. [54코]

24단: 크림-(짧은뜨기 7코, 코줄이기 1회)×2회, 짧은뜨기 7코 / 분홍-(코줄이기 1회, 짧은뜨기 7코)×3회, 코줄이기 1회. [48코]

25단: 크림-짧은뜨기 3코, 코줄이기 1회, (짧은뜨기 6코, 코줄이기 1회)×2회, 짧은뜨기 2코, / 분홍-짧은뜨기 4코, 코줄이기 1회, (짧은뜨기 6코, 코줄이기 1회)×2회, 짧은뜨기 3코. [42코]

1

2

3

26단 : 크림-(짧은뜨기 5코, 코줄이기 1회)×3회 / 분홍-(짧은뜨기 5코, 코줄이기 1회)×3회. [36코]
27단 : 크림-(짧은뜨기 4코, 코줄이기 1회)×3회 / 분홍-(짧은뜨기 4코, 코줄이기 1회)×3회. [30코]

빼뜨기 1코로 닫고, 바느질할 실을 충분히 남기고 자른다.

머리의 17단과 18단 사이에 8코 간격을 두고 두 눈을 달아준다.

머리를 충전재로 채운다.

자수실로 눈에서 2단 아래에 콧구멍을 수놓는다(1).

뿔 [베이지, 2개]

1단 : 매직링에 짧은뜨기 6코. [6코]
2단 : (코늘리기 1회, 짧은뜨기 1코)×3회. [9코]
3단 : 각각의 코에 짧은뜨기 1코. [9코]

빼뜨기 1코로 닫고, 바느질할 실을 충분히 남기고 자른다.

귀

첫 번째 귀 [검정으로 시작]

1단 : 매직링에 짧은뜨기 6코. [6코]
2단 : 코늘리기 1회, 짧은뜨기 1코 / 크림-(코늘리기 1회, 짧은뜨기 1코)×2회. [9코]
3단 : 검정-코늘리기 1회, 짧은뜨기 2코 / 크림-(코늘리기 1회, 짧은뜨기 2코)×2회. [12코]
4단 : 검정-코늘리기 1회, 짧은뜨기 3코 / 분홍-코늘리기 1회 / 크림-짧은뜨기 3코, 코늘리기 1회, 짧은뜨기 3코. [15코]

5단 : 검정-짧은뜨기 1코, 코늘리기 1회, 짧은뜨기 2코 / 분홍-짧은뜨기 2코, 코늘리기 1회 / 크림-짧은뜨기 4코, 코늘리기 1회, 짧은뜨기 3코. [18코]
6~8단(3단) : 짧은뜨기 5코 / 분홍-짧은뜨기 4코 / 크림-짧은뜨기 9코. [18코]
9단 : 코줄이기 1회, 짧은뜨기 3코 / 분홍-짧은뜨기 1코, 코줄이기 1회, 짧은뜨기 1코, / 크림-짧은뜨기 3코, 코줄이기 1회, 짧은뜨기 4코. [15코]
10단 : (짧은뜨기 3코, 코줄이기 1회)×3회. [12코]

귀를 핀으로 납작하게 고정하고 열린 부분을 맞물려 코들을 나란히 맞춘다(2). 마주 보는 2코씩 짧은뜨기로 차례로 닫아준다[6코].

바느질할 실을 충분히 남기고 자른다.

두 번째 귀 [크림으로 시작]

1단 : 매직링에 짧은뜨기 6코. [6코]
2단 : (코늘리기 1회, 짧은뜨기 1코)×3회. [9코]
3단 : (코늘리기 1회, 짧은뜨기 2코)×3회. [12코]
4단 : 코늘리기 1회, 짧은뜨기 3코 / 분홍-코늘리기 1회 / 크림-짧은뜨기 3코, 코늘리기 1회, 짧은뜨기 3코. [15코]
5단 : 짧은뜨기 1코, 코늘리기 1회, 짧은뜨기 2코 / 분홍-짧은뜨기 2코, 코늘리기 1회 / 크림-짧은뜨기 4코, 코늘리기 1회, 짧은뜨기 3코. [18코]
6~8단(3단) : 짧은뜨기 5코 / 분홍-짧은뜨기 4코 / 크림-짧은뜨기 9코. [18코]
9단 : 코줄이기 1회, 짧은뜨기 3코 / 분홍-짧은뜨기 1코, 코줄이기 1회, 짧은뜨기 1코 / 크림-짧은뜨기 3코, 코줄이기 1회, 짧은뜨기 4코. [15코]

10단: (짧은뜨기 3코, 코줄이기 1회)×3회. [12코]

귀를 핀으로 납작하게 고정하고 열린 부분을 맞물려 코들을 나란히 맞춘다. 마주 보는 2코씩 짧은뜨기로 차례로 닫아준다. [6코]

바느질할 실을 충분히 남기고 자른다 (3).

팔[크림으로 시작, 2개]
1단: 매직링에 짧은뜨기 8코. [8코]
2단: 코늘리기 8회. [16코]
3단: (짧은뜨기 7코 코늘리기 1회)×2회. [18코]
4~8단(5단): 각각의 코에 짧은뜨기 1코. [18코]

8단 끝에서 녹색 실을 건다.

9단: 뒤 반코에 뜬다. 각각의 코에 짧은뜨기 1코. [18코]
10~12단(3단): 각각의 코에 짧은뜨기 1코. [18코]
13단: (짧은뜨기 7코, 코줄이기 1회)×2회. [16코]
14단: (짧은뜨기 2코, 코줄이기 1회)×4회. [12코]

팔을 충전재로 채운다.

팔을 핀으로 납작하게 고정하고 열린 부분을 맞물려 나란히 코들을 맞춘다. 마주 보는 2코씩 짧은뜨기로 차례로 닫아준다[6코].

바느질할 실을 충분히 남기고 자른다.

소매 디테일은 옆 박스를 참조한다.

다리[크림으로 시작]

첫 번째 다리
1단: 매직링에 짧은뜨기 8코. [8코]
2단: 코늘리기 8회. [16코]
3단: (짧은뜨기 3코, 코늘리기 1회)×4회. [20코]
4~5단(2단): 각각의 코에 짧은뜨기 1코. [20코]
6단: (짧은뜨기 4코, 코늘리기 1회)×4회. [24코]

6단 끝에서 갈색 실을 건다.

7단: 뒤 반코에 뜬다. 각각의 코에 짧은뜨기 1코. [24코]
8단: 각각의 코에 짧은뜨기 1코. [24코]

실을 자른다.

소매 디테일

소매를 거꾸로 놓고 8단 앞 반코에 뜬다. 바늘을 단의 마지막 코에 넣어 녹색 실을 걸어(4) 각각의 코에 빼뜨기 1코를 뜬다. 실을 자르고 남은 실을 정리한다(5).

4

5

바지 디테일은 옆 박스를 참조한다.

두 번째 다리

첫 번째 다리와 동일하게 뜨고 8단의 끝에서 노란색 실을 건다(8). 이 실은 두 다리를 연결하고 이어서 몸통을 뜨는 데 사용된다.

몸통[노랑으로 시작]

연결한 두 다리에 이어서 뜬다.

두 번째 다리에서 시작한다. 짧은뜨기 1코로 첫 번째 다리에 잇는다. 이 짧은뜨기 코는 몸통의 첫 코가 된다(9).
1단: 첫 번째 다리에 노랑-(짧은뜨기 7코, 코늘리기 1회)×3회. 두 번째 다리에 (짧은뜨기 7코, 코늘리기 1회)×3회. [54코]
2~3단(2단): 갈색-각각의 코에 짧은뜨기 1코. [54코]

다리와 몸통에 충전재를 채우기 시작하고 뜨개질을 하면서 계속 보충한다.

4단: 노랑-각각의 코에 짧은뜨기 1코. [54코]
5~6단(2단): 갈색-각각의 코에 짧은뜨기 1코. [54코]
7단: 노랑-각각의 코에 짧은뜨기 1코. [54코]
8~9단(2단): 갈색-각각의 코에 짧은뜨기 1코. [54코]

9단 끝에서 녹색 실을 건다. 갈색 실은 나중에 디테일을 뜨기 위해 바깥에 그대로 둔다(10).

10단: 뒤 반코에 뜬다. (짧은뜨기 7코, 코줄이기 1회)×6회. [48코]
11~15단(5단): 각각의 코에 짧은뜨기 1코. [48코]
16단: (짧은뜨기 6코, 코줄이기 1회)×6회. [42코]
17~21단(5단): 각각의 코에 짧은뜨기 1코. [42코]
22단: (짧은뜨기 5코, 코줄이기 1회)×6회. [36코]
23~25단(3단): 각각의 코에 짧은뜨기 1코. [36코]
26단: 뒤 반코에 뜬다. (짧은뜨기 4코, 코줄이기 1회)×6회. [30코]

빼뜨기 1코로 닫고, 바느질할 실을 충분히 남기고 자른다.

벨트 디테일은 93쪽 박스를 참조한다.

바지 디테일

다리를 거꾸로 놓고 6단 앞 반코에 뜬다. 단의 마지막 코에 바늘을 넣고 갈색 실을 걸어(6) 각각의 코에 빼뜨기 1코를 뜬다. 실을 자르고 남은 실을 정리한다(7).

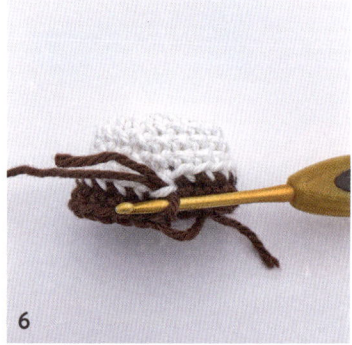

6

7

8

9

10

벨트 디테일

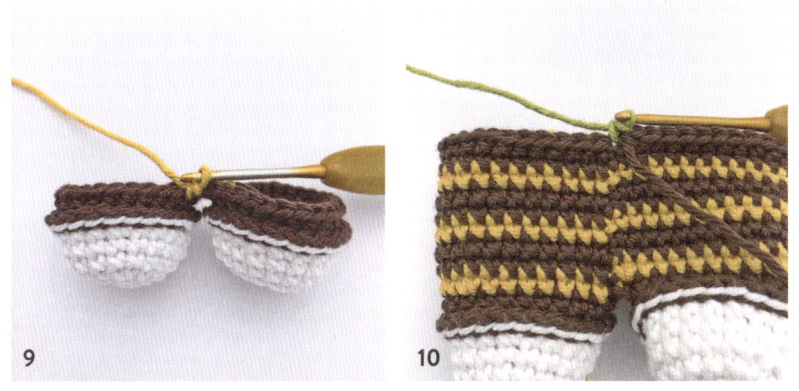

몸통을 거꾸로 놓고 9단 앞 반코에 뜬다. 단의 마지막 코에 바늘을 넣고 갈색 실을 걸어(11) 각각의 코에 빼뜨기 1코를 뜬다. 실을 자르고 남은 실을 정리한다.

11

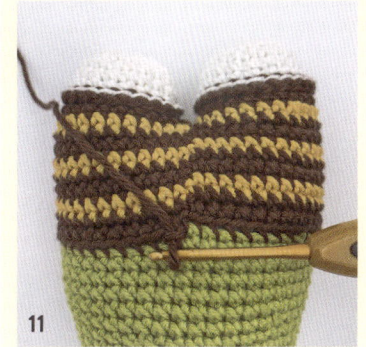

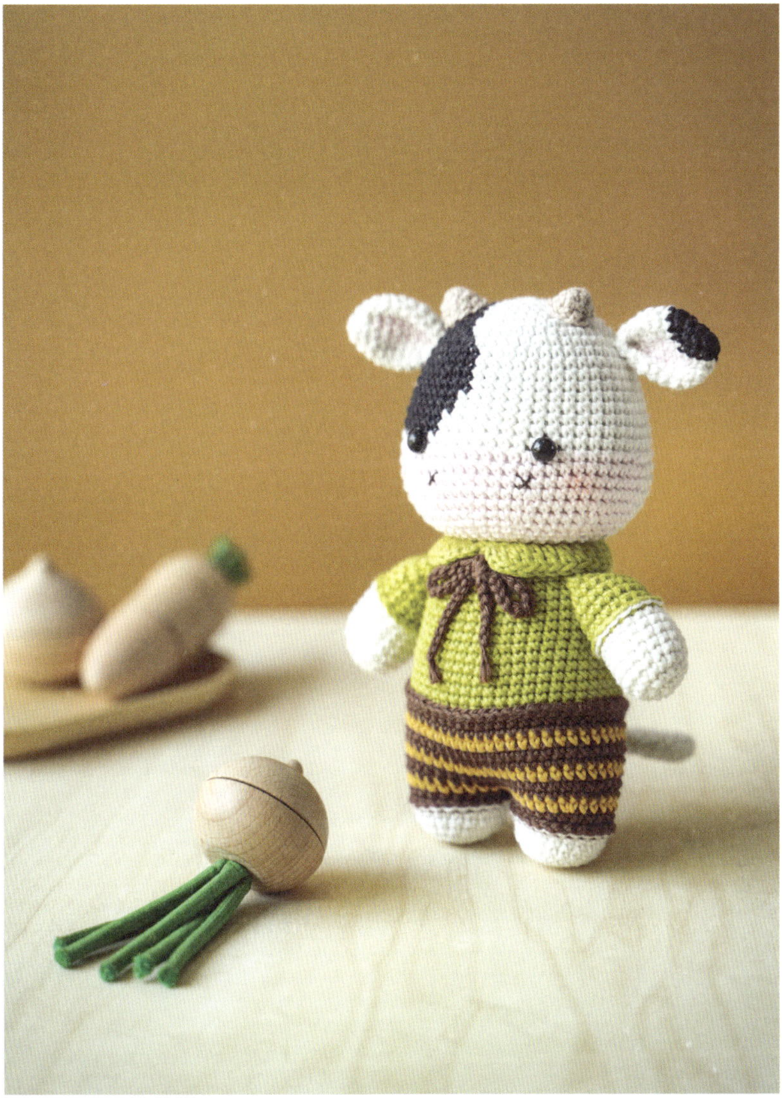

12

13

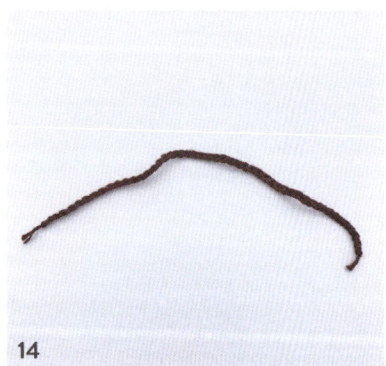

14

칼라[녹색]

몸통을 거꾸로 놓고 25단 앞 반코에 뜬다. 몸통 앞면의 정중앙 코에 바늘을 넣고 녹색 실을 건다(12). 사슬뜨기 3코, 각각의 코에 한길긴뜨기 1코×34회, 사슬뜨기 3코, 마지막 코에 빼뜨기 1코.

실을 자르고 남은 실을 정리한다(13).

리본 끈[갈색]

사슬뜨기 100코를 뜨고 실을 자른다(14).

꼬리[크림]

1단 : 매직링 짧은뜨기 6코. [6코]
2단 : (코늘리기 1회, 짧은뜨기 2코)×2회. [8코]
3단 : (짧은뜨기 1코, 코늘리기 1회)×4회. [12코]
4~6단(3단) : 각각의 코에 짧은뜨기 1코. [12코]
7단 : 코줄이기 6회. [6코]
8~12단(5단) : 각각의 코에 짧은뜨기 1코. [6코]

빼뜨기 1코로 닫고, 바느질할 실을 충분히 남기고 자른다.

연결하기

꼬리를 연결한다(15).

몸통의 마지막 단에서 2단 아래 높이에 팔을 연결한다.

갈색 사슬코 끈으로 리본을 만들어 목 중앙에 달아준다(16).

머리의 4단과 6단 사이에 뿔을 연결한다.

귀의 양끝을 모아 꿰맨다(17). 다른 쪽 귀도 똑같이 바느질한다. 핀으로 머리의 8단 높이에 귀를 고정하고 바느질로 연결한다(18).

머리를 연결해 충전재를 꼼꼼히 채우고 완전히 닫는다.

뺨에 블러셔를 바른다.

15

16

17

18

첫째 토끼 미미 MIMI

크기: 28cm

재료
• 기본 키트(9쪽 참조)
• 2.25mm 코바늘
• 8mm 나사눈 2개

실
• 네추라 저스트코튼
  (DMC)
  - N35 크림(1타래)
  - N44 베이지(1타래)
• 울리시크(DMC)
  - 064 갈색(1타래)
• 진갈색 자수실

넌 책 읽는 거 좋아해? 토끼 미미는 독서를 정말 좋아해. 미미가 하루 중 가장 좋아하는 시간은 저녁 무렵 레몬차를 준비해두고 편안하게 자리를 잡고 앉아 재미있는 책에 푹 빠지는 시간이야. 생각만 해도 차분해지는 것 같아!

머리(크림)
1단 : 매직링에 짧은뜨기 8코. [8코]
2단 : 코늘리기 8회. [16코]
3단 : (짧은뜨기 1코, 코늘리기 1회)×8회. [24코]
4단 : (짧은뜨기 2코, 코늘리기 1회)×8회. [32코]
5단 : (짧은뜨기 3코, 코늘리기 1회)×8회. [40코]
6단 : 각각의 코에 짧은뜨기 1코. [40코]
7단 : (짧은뜨기 4코, 코늘리기 1회)×8회. [48코]
8~11단(4단) : 각각의 코에 짧은뜨기 1코. [48코]
12단 : (짧은뜨기 7코, 코늘리기 1회)×6회. [54코]
13~15단(3단) : 각각의 코에 짧은뜨기 1코. [54코]
16단 : (짧은뜨기 8코, 코늘리기 1회)×6회. [60코]
17단 : (짧은뜨기 8코, 코줄이기 1회)×6회. [54코]
18단 : 짧은뜨기 3코, 코줄이기 1회, (짧은뜨기 7코, 코줄이기 1회)×5회, 짧은뜨기 4코. [48코]
19단 : (짧은뜨기 6코, 코줄이기 1회)×6회. [42코]
20단 : 짧은뜨기 2코, 코줄이기 1회, (짧은뜨기 5코, 코줄이기 1회)×5회, 짧은뜨기 3코. [36코]
21단 : (짧은뜨기 4코, 코줄이기 1회)×6회. [30코]

머리의 13단과 14단 사이에 9코 간격으로 두 눈을 달아준다.

머리를 충전재로 채우기 시작하고 뜨개질을 하면서 계속 보충한다.

22단 : (짧은뜨기 3코, 코줄이기 1회)×6회. [24코]
23단 : (짧은뜨기 2코, 코줄이기 1회)×6회. [18코]
24단 : (짧은뜨기 1코, 코줄이기 1회)×6회. [12코]
25단 : 코줄이기 6회. [6코]

실을 자르고 남은 실을 정리한다.

자수실로 양쪽 눈에서 2단 위 높이에 눈썹을, 눈 사이에 코를 수놓는다(1).

1

2

3

귀(갈색, 2개)

1단 : 매직링에 짧은뜨기 6코. [6코]

2단 : (코늘리기 1회, 짧은뜨기 1코)×3회. [9코]

3단 : (짧은뜨기 2코, 코늘리기 1회)×3회. [12코]

4단 : 각각의 코에 짧은뜨기 1코. [12코]

5단 : (짧은뜨기 2코, 코늘리기 1회)×4회. [16코]

6단 : (짧은뜨기 3코, 코늘리기 1회)×4회. [20코]

7~13단(7단) : 각각의 코에 짧은뜨기 1코. [20코]

14단 : (짧은뜨기 8코, 코줄이기 1회)×2회. [18코]

15~16단(2단) : 각각의 코에 짧은뜨기 1코. [18코]

17단 : (짧은뜨기 7코, 코줄이기 1회)×2회. [16코]

18~19단(2단) : 각각의 코에 짧은뜨기 1코. [16코]

20단 : (짧은뜨기 6코, 코줄이기 1회)×2회. [14코]

21~22단(2단) : 각각의 코에 짧은뜨기 1코. [14코]

빼뜨기 1코로 닫고, 바느질할 실을 충분히 남기고 자른다(2).

모자(갈색으로 시작)

1단 : 매직링에 짧은뜨기 6코. [6코]

2단 : 코늘리기 6회. [12코]

3단 : (짧은뜨기 1코, 코늘리기 1회)×6회. [18코]

4단 : (짧은뜨기 2코, 코늘리기 1회)×6회. [24코]

5단 : (짧은뜨기 3코, 코늘리기 1회)×6회. [30코]

6단 : (짧은뜨기 4코, 코늘리기 1회)×6회. [36코]

7단 : (짧은뜨기 2코, 코늘리기 1회)×6회, (짧은뜨기 5코, 코늘리기 1회)×3회. [45코]

8단 : (짧은뜨기 3코, 코늘리기 1회)×6회, (짧은뜨기 6코, 코늘리기 1회)×3회. [54코]

9~17단(9단) : 각각의 코에 짧은뜨기 1코. [54코]

참고

뜨개질할 때 실을 당기는 힘과 머리에 넣는 충전재의 양에 따라 머리를 반쯤 덮는 모자를 만들기 위해 짧은뜨기 몇 단을 더 뜨거나 덜 뜨게 될 수 있다.

18단 : 짧은뜨기 20코 / 베이지-짧은뜨기 34코. [54코]

19단 : 짧은뜨기 20코 / 앞 반코에 뜬다. (사슬뜨기 3코, 다음 코에 빼뜨기 1코)×34회. [156코]

20단 : 앞 반코에 뜬다. (사슬뜨기 3코, 다음 코에 빼뜨기 1코)×10회. [40코] 이 단은 여기서 멈추고 나머지 코는 그대로 둔다.

바느질할 실을 충분히 남기고 자른다(3).

팔(크림으로 시작, 2개)
1단: 매직링에 짧은뜨기 6코. [6코]
2단: (코늘리기 1회, 짧은뜨기 1코)×3회. [9코]
3~4단(2단): 각각의 코에 짧은뜨기 1코. [9코]
5단: (코줄이기 1회, 짧은뜨기 1코)×3회. [6코]

5단 끝에서 갈색 실을 건다.

6단: 뒤 반코에 뜬다. 코늘리기 6회. [12코]
7단: 코늘리기 12회. [24코]
8단: 각각의 코에 짧은뜨기 1코. [24코]
9단: (짧은뜨기 4코, 코줄이기 1회)×4회. [20코]
10단: (짧은뜨기 2코, 코줄이기 1회)×5회. [15코]
11단: (짧은뜨기 1코, 코줄이기 1회)×5회. [10코]
12~20단(9단): 각각의 코에 짧은뜨기 1코. [10코]

팔을 핀으로 납작하게 고정하고 열린 부분을 맞물려 코들을 나란히 맞춘다. 마주 보는 2코씩 짧은뜨기로 차례로 닫아준다. [5코]

바느질할 실을 충분히 남기고 자른다.

팔 디테일은 옆 박스를 참조한다.

다리(갈색으로 시작, 2개)
1단: 매직링에 짧은뜨기 8코. [8코]
2단: 코늘리기 8회. [16코]
3단: 짧은뜨기 1코, 코늘리기 1회, 짧은뜨기 4코, 코늘리기 4회, 짧은뜨기 4코, 코늘리기 1회, 짧은뜨기 1코. [22코]
4단: 뒤 반코에 뜬다. 각각의 코에 짧은뜨기 1코. [22코]
5~6단(2단): 각각의 코에 짧은뜨기 1코. [22코]
7단: 짧은뜨기 7코, 코줄이기 4회, 짧은뜨기 7코. [18코]
8단: 각각의 코에 짧은뜨기 1코. [18코]
9단: 짧은뜨기 5코, 코줄이기 4회, 짧은뜨기 5코. [14코]
10단: 짧은뜨기 6코, 코줄이기 1회, 짧은뜨기 6코. [13코]
11~14단(4단): 각각의 코에 짧은뜨기 1코. [13코]

14단 끝에서 크림색 실을 건다.
다리를 충전재로 채우기 시작하고 뜨개질을 하면서 계속 보충한다.

15단: 뒤 반코에 뜬다. (짧은뜨기 1코, 코줄이기 1회)×4회, 짧은뜨기 1코. [9코]
16~30단(15단): 각각의 코에 짧은뜨기 1코. [9코]
31단: 각각의 코에 짧은뜨기 1코. 다리 뒤쪽 중앙에서 끝낸다.

다리를 핀으로 납작하게 고정하고 열린 부분을 맞물려 코들을 나란히 맞춘다. 마주 보는 2코씩 짧은뜨기로 차례로 닫아준다. [5코]

바느질할 실을 충분히 남기고 자른다.

팔 디테일

5단 앞 반코에 뜬다. 단의 마지막 코에 바늘을 넣고 베이지색 실을 걸어(4) (사슬뜨기 2코, 다음 코에 빼뜨기 1코)×6회. 실을 자르고 남은 실을 정리한다(5).

신발 디테일은 옆 박스를 참조한다.

몸통 [베이지]

1단 : 매직링에 짧은뜨기 8코. [8코]

2단 : 코늘리기 8회. [16코]

3단 : (짧은뜨기 1코, 코늘리기 1회)×8회. [24코]

4단 : (짧은뜨기 2코, 코늘리기 1회)×8회. [32코]

5단 : (짧은뜨기 3코, 코늘리기 1회)×8회. [40코]

6~9단(4단) : 각각의 코에 짧은뜨기 1코. [40코]

10단 : (짧은뜨기 6코, 코줄이기 1회)×5회. [35코]

11~12단(2단) : 각각의 코에 짧은뜨기 1코. [35코]

13단 : (짧은뜨기 5코, 코줄이기 1회)×5회. [30코]

14~15단(2단) : 각각의 코에 짧은뜨기 1코. [30코]

16단 : (짧은뜨기 4코, 코줄이기 1회)×5회. [25코]

17~18단(2단) : 각각의 코에 짧은뜨기 1코. [25코]

19단 : 뒤 반코에만 뜬다. (짧은뜨기 3코, 코줄이기 1회)×5회. [20코]

빼뜨기 1코로 닫고, 바느질할 실을 충분히 남기고 자른다.

몸통을 충전재로 채운다.

몸통의 7단 높이에 두 다리를 연결한다(9).

원피스 [갈색으로 시작]

1단 : 몸통을 거꾸로 놓고 18단 앞 반코에 뜬다. 단의 마지막 코에 바늘을 넣고 갈색 실을 건다(10). 사슬뜨기 1코, 각각의 코에 짧은뜨기 1코. 빼뜨기 1코로 닫기. [25코]

2단 : 뒤 반코에 뜬다. 사슬뜨기 2코, 각각의 코에 한길긴뜨기 1코. 빼뜨기 1코로 닫기. [25코]

3단 : 사슬뜨기 1코, (짧은뜨기 4코, 코늘리기 1회)×5회. 빼뜨기 1코로 닫기. [30코]

4단 : 사슬뜨기 2코, 각각의 코에 한길긴뜨기 1코. 빼뜨기 1코로 닫기. [30코]

5단 : 사슬뜨기 1코, (짧은뜨기 5코, 코늘리기 1회)×5회. 빼뜨기 1코로 닫기. [35코]

6단 : 사슬뜨기 2코, (한길긴뜨기 6코, 같은 코에 한길긴뜨기 2코)×5회. 빼뜨기 1코로 닫기. [40코]

7단 : 사슬뜨기 1코, (짧은뜨기 7코, 코늘리기 1회)×5회. 빼뜨기 1코로 닫기. [45코]

8~12단(5단) : 사슬뜨기 2코, 각각의 코에 한길긴뜨기 1코. 빼뜨기 1코로 닫기. [45코]

13단 : 사슬뜨기 1코, 각각의 코에 짧은뜨기 1코. 빼뜨기 1코로 닫기. [45코]

참고

실을 당기는 힘에 따라 원하는 길이의 치마를 만들기 위해 짧은뜨기 몇 단을 더 뜨거나 덜 뜨게 될 수 있다.

신발 디테일

14단 앞 반코에 뜬다. 단의 첫 번째 코에 바늘을 넣고 베이지색 실을 건다(6). (사슬뜨기 2코, 다음 코에 빼뜨기 1코)×13회 뜬다. 실을 자른다. 베이지색 실로 신발끈을 수놓는다(7). 남은 실을 정리한다(8).

6

7

8

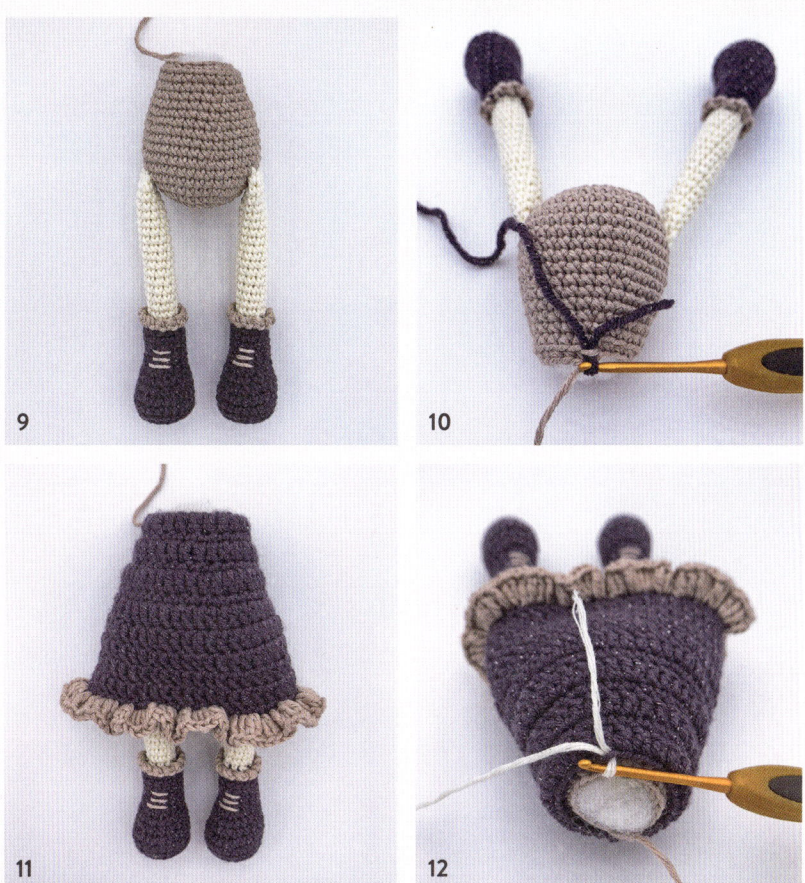

13단 끝에서 베이지색 실을 건다.

14단: 앞 반코에 뜬다. 사슬뜨기 2코, 각각의 코에 한길긴 뜨기 3코. 빼뜨기 1코로 닫기. [135코]

실을 자르고 남은 실을 정리한다(**11**).

단추[베이지, 2개]
매직링에 짧은뜨기 5코를 뜨고, 빼뜨기 1코로 닫는다.

바느질할 실을 충분히 남기고 자른다.

칼라[크림으로 시작]
몸통을 거꾸로 놓고 원피스 1단의 앞 반코에 뜬다. 몸통의 앞면이 보이게 놓고 앞면 중앙에 바늘을 넣고 크림색 실을 걸어(**12**) 왕복뜨기한다.

1열: 사슬뜨기 1코, 짧은뜨기 1코, 긴뜨기 1코, 한길긴뜨기 21코, 긴뜨기 1코, 짧은뜨기 1코, 편물의 방향을 돌린다. [25코]
2열: 사슬뜨기 1코, 짧은뜨기 1코, 긴뜨기 1코, 한길긴뜨기 21코, 긴뜨기 1코, 짧은뜨기 1코, 베이지색 실을 걸고 방향을 돌린다. [25코]
3열: (사슬뜨기 4코, 다음 코에 빼뜨기 1코)×25회 [125코]

실을 자르고 남은 실을 정리한다.

연결하기

원피스에 단추를 단다(**13**).

팔을 연결한다(**14**, **15**).

모자가 앞이나 뒤로 너무 넘어가지 않았는지, 레이스 부분이 머리 주위로 자리가 잘 잡혔는지 확인하면서 모자를 머리에 연결한다(**16**).

귀를 핀으로 납작하게 고정하고 열린 부분을 맞물려 나란히 맞추고, 귀 아랫부분의 양끝을 맞물려 바느질한다. 핀으로 귀를 머리에 고정한 다음 꿰매 연결하고 바늘을 귀의 한쪽 끝에서 다른 쪽 끝으로 통과시킨다(**17**, **18**). 다른 쪽 귀도 동일한 방법으로 연결한다.

머리를 연결한다.

뺨에 블러셔를 바른다.

13

14

15

16

17

18

둘째 토끼 미티 MITI

크기: 28cm

재료
• 기본 키트(9쪽 참조)
• 2.25mm 코바늘
• 8mm 나사눈 2개
• 작은 단추 2개
• 작은 리본(선택사항)

실
• 네추라 저스트코튼
  (DMC)
  - N02 흰색(1타래)
  - N35 크림(1타래)
  - N39 커피(1타래)
  - N555 빨강(1타래)

미티는 크리스마스를 기다리는 시간을 정말 좋아해. 아빠가 부엌에서 시나몬 쿠키를 만드는 동안 미티는 엄마와 함께 트리를 장식하지. 너는 크리스마스에 뭘 하니?

머리(크림)

1단: 매직링에 짧은뜨기 8코. [8코]
2단: 코늘리기 8회. [16코]
3단: (짧은뜨기 1코, 코늘리기 1회)×8회. [24코]
4단: (짧은뜨기 2코, 코늘리기 1회)×8회. [32코]
5단: (짧은뜨기 3코, 코늘리기 1회)×8회. [40코]
6단: 각각의 코에 짧은뜨기 1코. [40코]
7단: (짧은뜨기 4코, 코늘리기 1회)×8회. [48코]
8~11단(4단): 각각의 코에 짧은뜨기 1코. [48코]
12단: (짧은뜨기 7코, 코늘리기 1회)×6회. [54코]
13~15단(3단): 각각의 코에 짧은뜨기 1코. [54코]
16단: (짧은뜨기 8코, 코늘리기 1회)×6회. [60코]

17단: (짧은뜨기 8코, 코줄이기 1회)×6회. [54코]
18단: 짧은뜨기 3코, 코줄이기 1회. (짧은뜨기 7코, 코줄이기 1회)×5회, 짧은뜨기 4코. [48코]
19단: (짧은뜨기 6코, 코줄이기 1회)×6회. [42코]
20단: 짧은뜨기 2코, 코줄이기 1회, (짧은뜨기 5코, 코줄이기 1회)×5회, 짧은뜨기 3코. [36코]
21단: (짧은뜨기 4코, 코줄이기 1회)×6회. [30코]

머리의 13단과 14단 사이에 9코 간격으로 두 눈을 달아준다.

머리를 충전재로 채우기 시작하고 뜨개질을 하면서 계속 보충한다.

22단: (짧은뜨기 3코, 코줄이기 1회)×6회. [24코]
23단: (짧은뜨기 2코, 코줄이기 1회)×6회. [18코]
24단: (짧은뜨기 1코, 코줄이기 1회)×6회. [12코]
25단: 코줄이기 6회. [6코]

실을 자르고 남은 실을 정리한다.

커피색 실로 양쪽 눈에서 2단 위 높이에 눈썹을, 눈 사이에 코를 수놓는다(**1**).

1

2

3

귀(커피, 2개)

1단: 매직링에 짧은뜨기 6코. [6코]
2단: (코늘리기 1회, 짧은뜨기 1코)×3회. [9코]
3단: (짧은뜨기 2코, 코늘리기 1회)×3회. [12코]
4단: 각각의 코에 짧은뜨기 1코. [12코]
5단: (짧은뜨기 2코, 코늘리기 1회)×4회. [16코]
6단: (짧은뜨기 3코, 코늘리기 1회)×4회. [20코]
7~13단(7단): 각각의 코에 짧은뜨기 1코. [20코]
14단: (짧은뜨기 8코, 코줄이기 1회)×2회. [18코]
15~16단(2단): 각각의 코에 짧은뜨기 1코. [18코]
17단: (짧은뜨기 7코, 코줄이기 1회)×2회. [16코]
18~19단(2단): 각각의 코에 짧은뜨기 1코. [16코]
20단: (짧은뜨기 6코, 코줄이기 1회)×2회. [14코]
21~22단(2단): 각각의 코에 짧은뜨기 1코. [14코]

빼뜨기 1코로 닫고, 바느질할 실을 충분히 남기고 자른다(2).

모자(커피)

1단: 매직링에 짧은뜨기 6코. [6코]
2단: 코늘리기 6코. [12코]
3단: (짧은뜨기 1코, 코늘리기 1회)×6회. [18코]
4단: (짧은뜨기 2코, 코늘리기 1회)×6회. [24코]
5단: (짧은뜨기 3코, 코늘리기 1회)×6회. [30코]
6단: (짧은뜨기 4코, 코늘리기 1회)×6회. [36코]
7단: (짧은뜨기 2코, 코늘리기 1회)×6회, (짧은뜨기 5코, 코늘리기 1회)×3회. [45코]
8단: (짧은뜨기 3코, 코늘리기 1회)×6회, (짧은뜨기 6코, 코늘리기 1회)×3회. [54코]
9~19단(11단): 각각의 코에 짧은뜨기 1코. [54코]

참고

뜨개질할 때 실을 당기는 힘과 머리에 넣는 충전재의 양에 따라 머리를 반쯤 덮는 모자를 만들기 위해 짧은뜨기 몇 단을 더 뜨거나 덜 뜨게 될 수 있다.

20단: 짧은뜨기 20코. 앞 반코에 뜬다. 빼뜨기 34코. [54코]
21단: 앞 반코에 뜬다. 빼뜨기 10코. [10코] 이 단은 여기서 멈추고 나머지 44코는 그대로 둔다.

바느질할 실을 충분히 남기고 자른다.

팔[크림으로 시작, 2개]

1단 : 매직링에 짧은뜨기 6코. [6코]

2단 : (코늘리기 1회, 짧은뜨기 1코)×3회. [9코]

3~4단(2단) : 각각의 코에 짧은뜨기 1코. [9코]

5단 : (코줄이기 1회, 짧은뜨기 1코)×3회. [6코]

5단 끝에서 빨간색 실을 건다. 여기서부터는 빨강 1단과 흰색 2단을 번갈아 가면서 뜬다.

6단 : 코늘리기 6회. [12코]

7단 : 코늘리기 12회. [24코]

8단 : 각각의 코에 짧은뜨기 1코. [24코]

9단 : (짧은뜨기 4코, 코줄이기 1회)×4회. [20코]

10단 : (짧은뜨기 2코, 코줄이기 1회)×5회. [15코]

11단 : (짧은뜨기 1코, 코줄이기 1회)×5회. [10코]

12~20단(9단) : 각각의 코에 짧은뜨기 1코. [10코]

팔을 핀으로 납작하게 고정하고 열린 부분을 맞물려 코들을 나란히 맞춘다. 마주 보는 2코씩 짧은뜨기로 차례로 닫아준다. [5코]

바느질할 실을 충분히 남기고 자른다(3).

다리[커피로 시작, 2개]

1단 : 매직링에 짧은뜨기 8코. [8코]

2단 : 코늘리기 8회. [16코]

3단 : 짧은뜨기 1코, 코늘리기 1회, 짧은뜨기 4코, 코늘리기 4회, 짧은뜨기 4코, 코늘리기 1회, 짧은뜨기 1코. [22코]

4단 : 뒤 반코에 뜬다. 각각의 코에 짧은뜨기 1코. [22코]

5~6단(2단) : 각각의 코에 짧은뜨기 1코. [22코]

7단 : 짧은뜨기 7코, 코줄이기 4회, 짧은뜨기 7코. [18코]

8단 : 각각의 코에 짧은뜨기 1코. [18코]

9단 : 짧은뜨기 5코, 코줄이기 4회, 짧은뜨기 5코. [14코]

10단 : 짧은뜨기 6코, 코줄이기 1회, 짧은뜨기 6코. [13코]

11~14단(4단) : 각각의 코에 짧은뜨기 1코. [13코]

14단 끝에서 크림색 실을 건다. 다리에 충전재를 채우기 시작하고 뜨개질을 하면서 계속 보충한다.

15단 : 뒤 반코에 뜬다. (짧은뜨기 1코, 코줄이기 1회)×4회, 짧은뜨기 1코. [9코]

16~30단(15단) : 각각의 코에 짧은뜨기 1코. [9코]

31단 : 각각의 코에 짧은뜨기 1코, 다리 뒤쪽 중앙에서 멈춘다.

다리를 핀으로 납작하게 고정하고 열린 부분을 맞물려 코들을 나란히 맞춘다. 마주 보는 2코씩 짧은뜨기로 차례로 닫아준다. [5코]

바느질할 실을 충분히 남기고 자른다.

신발 디테일은 옆 박스를 참조한다.

신발 디테일

14단 앞 반코에 뜬다. 단의 첫 번째 코에 바늘을 넣고 흰색 실을 건다(4). 사슬뜨기 1코, 각각의 코에 짧은뜨기 1코, 빼뜨기 1코로 닫는다. [13코] 실을 자르고 흰색 자수실로 신발끈을 수놓는다(5). 남은 실을 정리한다(6).

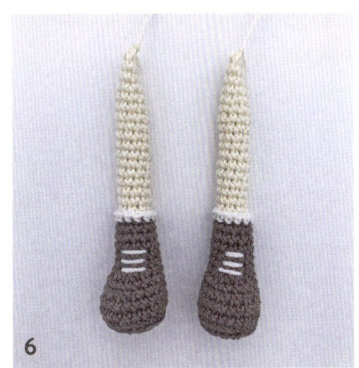

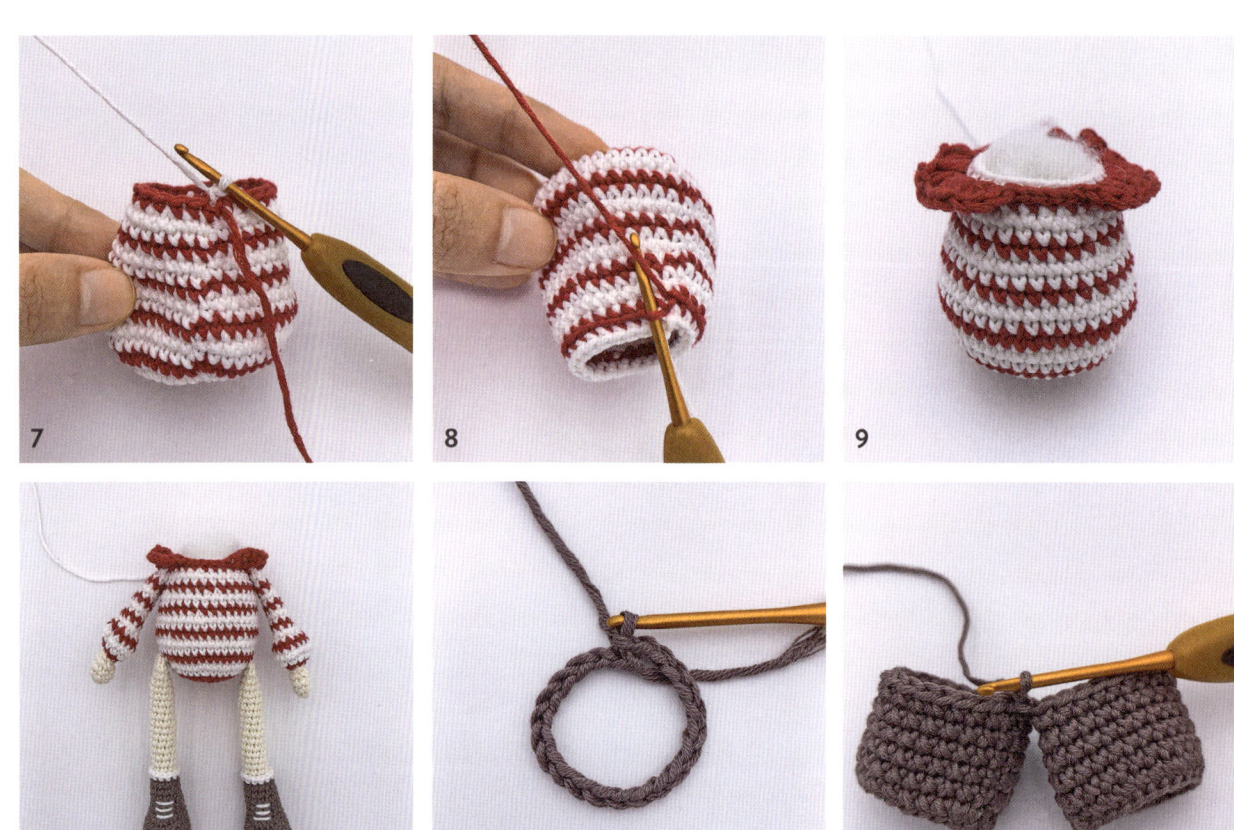

몸통 (빨강으로 시작)

빨간색 실로 시작하고 19단까지 빨강 1단과 흰색 2단을 번갈아 가며 뜬다.

1단 : 매직링에 짧은뜨기 8코. [8코]
2단 : 코늘리기 8회. [16코]
3단 : (짧은뜨기 1코, 코늘리기 1회)×8회. [24코]
4단 : (짧은뜨기 2코, 코늘리기 1회)×8회. [32코]
5단 : (짧은뜨기 3코, 코늘리기 1회)×8회. [40코]
6단 : (짧은뜨기 9코, 코늘리기 1회)×4회. [44코]
7~9단(3단) : 각각의 코에 짧은뜨기 1코. [44코]
10단 : (짧은뜨기 9코, 코줄이기 1회)×4회. [40코]
11~12단(2단) : 각각의 코에 짧은뜨기 1코. [40코]

13단 : (짧은뜨기 6코, 코줄이기 1회)×5회. [35코]
14~15단(2단) : 각각의 코에 짧은뜨기 1코. [35코]
16단 : (짧은뜨기 5코, 코줄이기 1회)×5회. [30코]
17~18단(2단) : 각각의 코에 짧은뜨기 1코. [30코]
19단 : (짧은뜨기 3코, 코줄이기 1회)×6회. [24코]

19단 끝에서 흰색 실을 건다. 빨간색 실은 나중에 칼라를 뜰 수 있도록 몸통 바깥에 그대로 둔다(7).

20단 : 뒤 반코에 뜬다. 각각의 코에 짧은뜨기 1코. [24코]

빼뜨기 1코로 닫고, 바느질할 실을 충분히 남기고 자른다.

칼라(빨강)

몸통을 거꾸로 놓고 19단 앞 반코에 바늘을 넣고 빨간색 실을 건다(8). 사슬뜨기 2코, (같은 코에 한길긴뜨기 3코)×9회, 빼뜨기 6코, 사슬뜨기 2코, (같은 코에 한길긴뜨기 3코)×9회.

빼뜨기 1코로 닫고, 실을 자르고 남은 실을 안으로 정리한다(9).

몸통을 충전재로 채운다. 몸통의 7단 양쪽에 다리를 연결한다.

몸통의 칼라 아래에 팔을 연결한다(10).

반바지(커피)

바지의 다리 부분(2개)

사슬뜨기 22코를 뜨고, 빼뜨기 1코로 닫는다(11).

1~6단(6단) : 사슬뜨기 1코, 각각의 코에 짧은뜨기 1코. 빼뜨기 1코로 닫기. [22코]

첫 번째 다리를 뜬 후에는 실을 자르지만 두 번째 다리를 뜬 후에는 자르지 않고 남겨둔다. 남겨둔 실은 두 다리를 연결하고 이어서 몸통을 뜨는 데 사용된다.

바지의 몸통 부분

두 번째 다리에서 시작한다. 짧은뜨기 1코로 첫 번째 다리에 잇는다(12). 이 짧은뜨기 코는 몸통의 첫 코가 된다.

1단 : 사슬뜨기 1코, 첫 번째 다리 각각의 코에 짧은뜨기 1코. 두 번째 다리 각각의 코에 짧은뜨기 1코. 빼뜨기 1코로 닫기. [44코]

2~8단(7단) : 사슬뜨기 1코, 각각의 단에 짧은뜨기 1코. 빼뜨기 1코로 닫기. [44코]

9단 : 멜빵을 뜬다. 사슬뜨기 1코, 짧은뜨기 5코. 사슬뜨기 35코(13), 바늘에서 두 번째 코에 바늘을 넣고 34개 사슬코 각각에 빼뜨기 1코(첫 번째 멜빵).
바지에 이어서 뜬다(14), 짧은뜨기 34코. 사슬뜨기 35코(15). 바늘에서 두 번째 코에 바늘을 넣고 34개 사슬코 각각에 빼뜨기 1코(두 번째 멜빵).
바지에 이어서 뜬다(16), 짧은뜨기 5코. 빼뜨기 1코로 닫기.

바느질할 실을 충분히 남기고 자른다.

참고

몸통에 멜빵을 대고 길이가 적절한지 확인하면 완벽한 멜빵을 뜰 수 있다. 원하는 길이의 멜빵을 만들기 위해 사슬뜨기를 몇 코 더 뜨거나 덜 뜨게 될 수 있다.

13

14

15

16

반바지 디테일은 옆 박스를 참조한다.

꼬리[크림]
1단: 매직링에 짧은뜨기 6코. [6코]
2단: 코늘리기 6회. [12코]
3단: 각각의 코에 짧은뜨기 1코. [12코]
4단: (짧은뜨기 1코, 코줄이기 1회)×4회. [8코]
5단: (짧은뜨기 2코, 코줄이기 1회)×2회. [6코]

바느질할 실을 충분히 남기고 자른다.

나비넥타이
시작코로 사슬뜨기 8코를 뜬다. 바늘에서 네 번째 코부터 시작한다. 시작코를 중심으로 왕복뜨기한다.

1열: 각각의 코에 한길긴뜨기 1코, 편물의 방향을 돌린다. [5코]
2~4열(3열): 사슬뜨기 3코, 각각의 코에 긴뜨기 1코, 편물의 방향을 돌린다. [5코]

방금 뜬 직사각형 편물 중간을 묶어 나비 모양을 만들 실을 남겨두고 실을 자른다 (**20**). 남긴 실은 나비넥타이를 목걸이에 고정하는 데도 쓰일 것이다.

리본을 나비넥타이로 이용해도 된다(**21**).

연결하기

모자가 앞이나 뒤로 너무 넘어가지 않았는지 확인하면서 바느질로 머리에 연결한다(**22, 23**).

귀를 핀으로 납작하게 고정하고 열린 부분을 맞물려 나란히 맞추고, 귀 아랫부분의 양끝을 맞물려 바느질한다. 핀으로 귀를 머리에 고정한 다음 꿰매 연결하고 바늘을 귀의 한쪽 끝에서 다른 쪽 끝으로 통과시킨다(**24**). 다른 쪽 귀도 동일한 방법으로 연결한다.

반바지 디테일

첫 번째 다리를 시작하는 사슬뜨기에 코바늘을 넣고 커피색 실을 건다(**17**). 각각의 코에 빼뜨기 1코. 실을 자르고 남은 실을 정리한다(**18**). 두 번째 다리에도 동일한 방법으로 뜬다.

17

18

25

26

27

28

29

바지를 입히고 바지에 멜빵을 단다
(**25**, **26**).

바지에 꼬리를 연결한다(**27**, **28**).

머리를 연결한다.

뺨에 블러셔를 바른다.

목에 나비넥타이를 달고 바지에는 단
추를 달아준다(**29**).

고양이 모니 MONHI

고양이 모니는 마을에서 가장 우아해. 모니는 할머니가 생일선물로 주신 튀튀와 리본을 정말 좋아해. 모니의 꿈은 유명한 발레리나가 되는 거야. 꿈을 이루기 위해 아주 열심히 연습하고 있단다.

난이도
***

크기: 22cm

재료
• 기본 키트(9쪽 참조)
• 2.5mm 코바늘
• 작은 진주 2개
• 반짝이 망사 천

실
• 네추라 저스트코튼
(DMC)
  – N02 흰색(1타래)
  – N37 베이지(1타래)
• 울리시크(DMC)
  – 045 분홍(1타래)
• 자수실
  – 진갈색
  – 분홍

머리 [흰색]
1단: 매직링에 짧은뜨기 8코. [8코]
2단: 코늘리기 8회. [16코]
3단: (짧은뜨기 1코, 코늘리기 1회)×8회. [24코]
4단: (짧은뜨기 2코, 코늘리기 1회)×8회. [32코]
5단: (짧은뜨기 3코, 코늘리기 1회)×8회. [40코]
6단: (짧은뜨기 4코, 코늘리기 1회)×8회. [48코]
7단: (짧은뜨기 7코, 코늘리기 1회)×6회. [54코]
8~9단(2단): 각각의 코에 짧은뜨기 1코. [54코]
10단: (짧은뜨기 8코, 코늘리기 1회)×6회. [60코]
11~19단(9단): 각각의 코에 짧은뜨기 1코. [60코]
20단: (짧은뜨기 8코, 코줄이기 1회)×6회. [54코]
21단: 짧은뜨기 3코, 코줄이기 1회, (짧은뜨기 7코, 코줄이기 1회)×5회, 짧은뜨기 4코. [48코]

22단: (짧은뜨기 6코, 코줄이기 1회)×6회. [42코]
23단: 짧은뜨기 2코, 코줄이기 1회, (짧은뜨기 5코, 코줄이기 1회)×5회, 짧은뜨기 3코. [36코]
24단: (짧은뜨기 4코, 코줄이기 1회)×6회. [30코]

머리를 충전재로 채우기 시작하고 뜨개질을 하면서 계속 보충한다.

25단: 짧은뜨기 1코, 코줄이기 1회, (짧은뜨기 3코, 코줄이기 1회)×5회, 짧은뜨기 2코. [24코]
26단: (짧은뜨기 2코, 코줄이기 1회)×6회. [18코]

빼뜨기 1코로 닫고, 바느질할 실을 충분히 남기고 자른다.

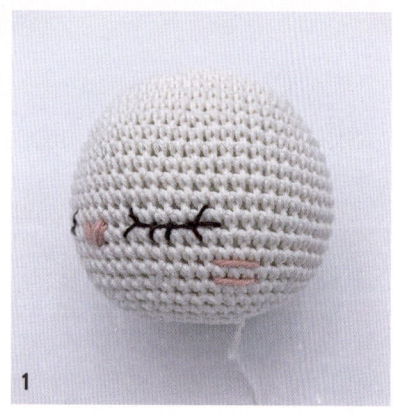

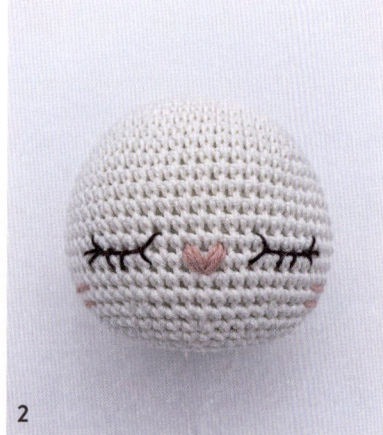

진갈색 자수실로 16단과 17단 사이에 두 눈을 수놓는다. 6코 간격을 두고 각각의 눈을 5코 너비로 수놓는다.

분홍색 자수실로 17단 두 눈 사이에 코를 수놓고 각각의 눈 아래에 수염을 수놓는다(1, 2).

귀[흰색으로 시작, 2개]

1단: 매직링에 짧은뜨기 6코. [6코]
2단: (코늘리기 1회, 짧은뜨기 1코)×3회. [9코]
3단: 코늘리기 1회, 짧은뜨기 2코, 코늘리기 1회 / 베이지-짧은뜨기 1코 / 흰색-짧은뜨기 1코, 코늘리기 1회, 짧은뜨기 2코. [12코]
4단: 짧은뜨기 5코 / 베이지-짧은뜨기 3코 / 흰색-짧은뜨기 4코. [12코]
5단: 짧은뜨기 3코, 코늘리기 1회, 짧은뜨기 1코 / 베이지-짧은뜨기 2코, 코늘리기 1회 / 흰색-짧은뜨기 3코, 코늘리기 1회. [15코]
6단: 짧은뜨기 2코, 코늘리기 1회, 짧은뜨기 3코 / 베이지-짧은뜨기 1코, 코늘리기 1회, 짧은뜨기 2코 / 흰색-짧은뜨기 2코, 코늘리기 1회, 짧은뜨기 2코. [18코]
7단: 짧은뜨기 5코, 코늘리기 1회, 짧은뜨기 1코 / 베이지-짧은뜨기 4코, 코늘리기 1회 / 흰색-짧은뜨기 5코, 코늘리기 1회. [21코]

빼뜨기 1코로 닫고, 바느질할 실을 충분히 남기고 자른다(3).

팔[흰색, 2개]

1단: 매직링에 짧은뜨기 6코. [6코]
2단: (코늘리기 1회, 짧은뜨기 1코)×3회. [9코]
3~17단(15단): 각각의 코에 짧은뜨기 1코. [9코]

팔을 핀으로 납작하게 고정하고 열린 부분을 맞물려 코들을 나란히 맞춘다. 마주 보는 2코씩 짧은뜨기로 차례로 닫아준다. [4코]

바느질할 실을 충분히 남기고 자른다.

꼬리[흰색]

1단: 매직링에 짧은뜨기 6코. [6코]
2단: (코늘리기 1회, 짧은뜨기 1코)×3회. [9코]
3단: (코늘리기 1회, 짧은뜨기 2코)×3회. [12코]
4~12단(9단): 각각의 코에 짧은뜨기 1코. [12코]

꼬리를 충전재로 가볍게 채우기 시작하고 뜨개질을 하면서 계속 보충한다.

13단: 짧은뜨기 10코, 코줄이기 1회. [11코]
14~16단(3단): 각각의 코에 짧은뜨기 1코. [11코]
17단: 짧은뜨기 9코, 코줄이기 1회. [10코]
18~20단(3단): 각각의 코에 짧은뜨기 1코. [10코]
21단: 짧은뜨기 8코, 코줄이기 1회. [9코]
22~24단(3단): 각각의 코에 짧은뜨기 1코. [9코]
25단: 짧은뜨기 7코, 코줄이기 1회. [8코]

꼬리를 핀으로 납작하게 고정하고 열린 부분을 맞물려 코들을 나란히 맞춘다. 마주 보는 2코씩 짧은뜨기로 차례로 닫아준다. [4코]

바느질할 실을 충분히 남기고 자른다.

다리(분홍색으로 시작, 2개)
1단: 매직링에 짧은뜨기 8코. [8코]
2단: 코늘리기 8회. [16코]
3단: 짧은뜨기 1코, 코늘리기 1회, 짧은뜨기 4코, 코늘리기 4회, 짧은뜨기 4코, 코늘리기 1회, 짧은뜨기 1코. [22코]
4단: 뒤 반코에만 뜬다. 각각의 코에 짧은뜨기 1코. [22코]
5~6단(2단): 각각의 코에 짧은뜨기 1코. [22코]
7단: 짧은뜨기 7코, 코줄이기 4회, 짧은뜨기 7코. [18코]
8단: 짧은뜨기 5코, 코줄이기 4회, 짧은뜨기 5코. [14코]
9단: 각각의 코에 짧은뜨기 1코. [14코]
10단: 짧은뜨기 6코, 코줄이기 1회, 짧은뜨기 6코. [13코]
11~14단(4단): 각각의 코에 짧은뜨기 1코. [13코]

다리를 충전재로 채우기 시작하고 뜨개질을 하면서 계속 보충한다.
14단 끝에서 흰색 실을 건다.

15단: 뒤 반코에 뜬다. (짧은뜨기 3코, 코줄이기 1회)×2회, 짧은뜨기 3코. [11코]
16~30단(15단): 각각의 코에 짧은뜨기 1코. [11코]
31단: 각각의 코에 짧은뜨기 1코, 다리 뒤쪽 중앙에서 멈춘다.

팔을 핀으로 납작하게 고정하고 열린 부분을 맞물려 코들을 나란히 맞춘다. 마주 보는 2코씩 짧은뜨기로 차례로 닫아준다. [5코]

바느질할 실을 충분히 남기고 자른다.

신발 디테일은 옆 박스를 참조한다.

몸통(분홍색으로 시작)
1단: 매직링에 짧은뜨기 8코. [8코]
2단: 코늘리기 8회. [16코]
3단: (짧은뜨기 1코, 코늘리기 1회)×8회. [24코]
4단: (짧은뜨기 2코, 코늘리기 1회)×8회. [32코]
5단: (짧은뜨기 3코, 코늘리기 1회)×8회. [40코]
6단: (짧은뜨기 7코, 코늘리기 1회)×5회. [45코]
7단: 뒤 반코에 뜬다. 각각의 코에 짧은뜨기 1코. [45코]
8~10단(3단): 각각의 코에 짧은뜨기 1코. [45코]
11단: 뒤 반코에 뜬다. (짧은뜨기 7코, 코줄이기 1회)×5회. [40코]
12~13단(2단): 각각의 코에 짧은뜨기 1코. [40코]
14단: 뒤 반코에 뜬다. (짧은뜨기 6코, 코줄이기 1회)×5회. [35코]
15~16단(2단): 각각의 코에 짧은뜨기 1코. [35코]
17단: (짧은뜨기 5코, 코줄이기 1회)×5회. [30코]
18~22단(5단): 각각의 코에 짧은뜨기 1코. [30코]

신발 디테일

14단 앞 반코에 뜬다. 단의 첫 번째 코에 바늘을 넣고 베이지색 실을 건다(4). (사슬뜨기 2코, 다음 코에 빼뜨기 1코)×13회. 실을 자르고 베이지색 자수실로 신발끈을 수놓는다(5). 남은 실을 정리한다(6).

4

5

6

7

22단 끝에서 흰색 실을 걸고 분홍색 실은 나중에 칼라를 뜰 수 있도록 몸통 밖에 그대로 둔다(**7**).

23단: 뒤 반코에 뜬다. (짧은뜨기 3코, 코줄이기 1회)×6회. [24코]
24~25단(2단): 각각의 코에 짧은뜨기 1코. [24코]
26단: (짧은뜨기 2코, 코줄이기 1회)×6회. [18코]

빼뜨기 1코로 닫고, 바느질할 실을 충분히 남기고 자른다. 몸통에 충전재를 채운다.

칼라(분홍색)

몸통을 거꾸로 놓고 22단 앞 반코에 바늘을 넣고 분홍색 실을 건다(**8**). 사슬뜨기 2코, (같은 코에 한길긴뜨기 3코)×12회, 사슬뜨기 2코, 빼뜨기 6코, 사슬뜨기 2코, (같은 코에 한길긴뜨기 3코)×12회.

빼뜨기 1코로 닫고, 실을 자르고 남은 실을 정리한다(**9**, **10**).

몸통 아랫부분 연결하기

몸통의 양쪽 7단 높이에 다리를 연결한다(**11**).

몸통 뒤쪽 중앙에 꼬리를 연결한다(**12**).

8

9

원피스(분홍색)

첫 번째 치맛단

몸통을 거꾸로 놓고 13단 앞 반코에 뜬다. 단의 마지막 코에 바늘을 넣고 분홍색 실을 건다(**13**).

1단: 사슬뜨기 1코, 각각의 코에 짧은뜨기 1코. 빼뜨기 1코로 닫기. [40코]
2단: 뒤 반코에 뜬다. 사슬뜨기 2코, 각각의 코에 긴뜨기 1코. 빼뜨기 1코로 닫기. [40코]
3단: 사슬뜨기 3코, (같은 코에 {한길긴뜨기 2코, 사슬뜨기 1코, 한길긴뜨기 2코}, 3코 건너뛰기)×10회. [50코]

빼뜨기 1코로 닫고, 실을 자르고 남은 실을 정리한다(**14**).

두 번째 치맛단

8×10cm 크기의 반짝이 망사 천 45장을 준비한다(**15**).

몸통 10단 앞 반코에 단다. 각각의 망사 천을 반으로 접어 코바늘에 걸고(**16**) 코를 통과시켜 빼낸다(**17**, **18**).

망사 천의 양끝을 고리로 통과시켜 빼낸 후 당겨서 조여준다(**19**, **20**). 각각의 코에 동일한 방법으로 망사 천을 달아준다(**21**).

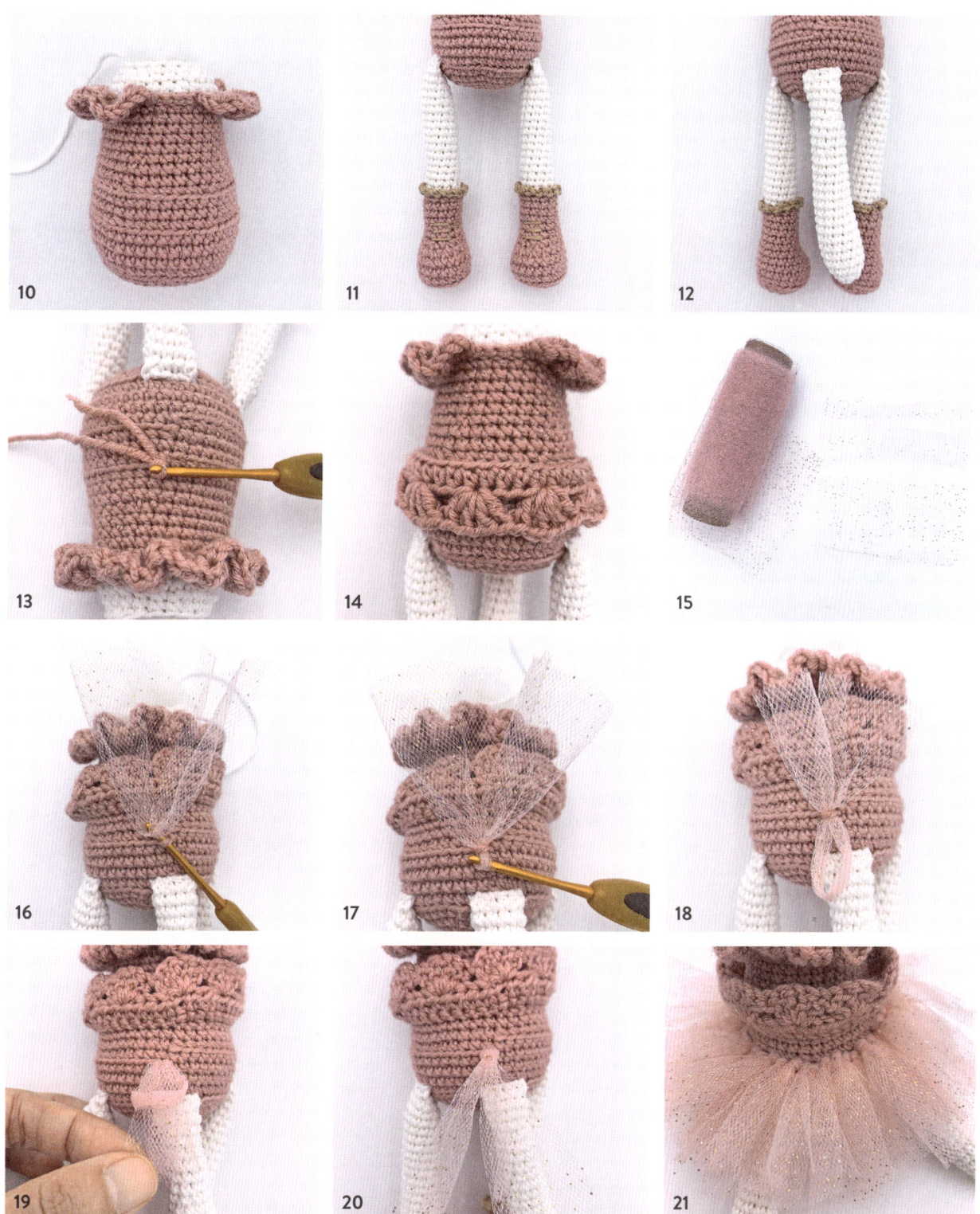

머리 리본

시작코로 사슬뜨기 8코를 뜬다. 바늘에서 네 번째 코부터 뜨기 시작한다. 시작코를 중심으로 왕복뜨기한다.

1~3열(3열): 한길긴뜨기 5코, 사슬뜨기 3코, 편물의 방향을 돌린다. [5코]
4열: 한길긴뜨기 5코. [5코]

방금 뜬 직사각형의 중간을 묶어 리본 모양을 만들 수 있을 정도의 실을 남기고 자른다(**22**). 남긴 실을 머리에 리본을 고정하는 데도 사용한다(**23**).

망사로도 리본을 만들고(**24**) 그 위에 뜨개질한 리본을 바느질로 달아준다(**25**).

연결하기

몸통 앞부분에 2개의 진주를 단다.

몸통의 양쪽, 칼라 아래에 팔을 연결한다(**26**, **27**).

머리의 4단과 11단 사이에 귀를 연결한다(**28**, **29**).

머리 오른쪽, 귀 가까이에 리본을 단다(**30**).

뺨에 블러셔를 바른다.

다람쥐 수수 SUSU

다람쥐 수수가 좋아하는 계절은 가을이야. 목도리를 두르고 가방을 메고 숲에 가서 헤이즐넛 열매를 주워 엄마에게 갖다드리는 것을 좋아하거든. 오늘 저녁 수수는 엄마와 함께 맛있는 헤이즐넛 쿠키를 만들 거야.

난이도
***

크기: 19cm

재료
• 기본 키트(9쪽 참조)
• 2.25mm 코바늘
• 8mm 나사눈 2개

실
• 네추라 저스트코튼
  - N35 크림(약간)
  - N37 베이지(1타래)
  - N41 갈색(약간)
  - N47 오렌지(약간)
  - N85 노랑(약간)
  - N989 녹색(약간)

머리 (베이지로 시작)
1단: 매직링에 짧은뜨기 8코. [8코]
2단: 코늘리기 8회. [16코]
3단: (짧은뜨기 1코, 코늘리기 1회)×8회. [24코]
4단: (짧은뜨기 2코, 코늘리기 1회)×8회. [32코]
5단: (짧은뜨기 3코, 코늘리기 1회)×8회. [40코]
6단: 각각의 코에 짧은뜨기 1코. [40코]
7단: (짧은뜨기 4코, 코늘리기 1회)×8회. [48코]
8단: 각각의 코에 짧은뜨기 1코. [48코]
9단: 짧은뜨기 15코 / 크림-짧은뜨기 3코 / 베이지-짧은뜨기 12코 / 크림-짧은뜨기 3코 / 베이지-짧은뜨기 15코. [48코]
10단: 짧은뜨기 14코 / 크림-짧은뜨기 5코 / 베이지-짧은뜨기 10코 / 크림-짧은뜨기 5코 / 베이지-짧은뜨기 14코. [48코]
11단: 짧은뜨기 13코 / 크림-짧은뜨기 7코 / 베이지-짧은뜨기 8코 / 크림-짧은뜨기 7코 / 베이지-짧은뜨기 13코. [48코]
12단: 짧은뜨기 7코, 코늘리기 1회, 짧은뜨기 5코 / 크림-짧은뜨기 2코, 코늘리기 1회, 짧은뜨기 5코 / 베이지-짧은뜨기 2코, 코늘리기 1회, 짧은뜨기 3코 / 크림-짧은뜨기 4코, 코늘리기 1회, 짧은뜨기 3코 / 베이지-짧은뜨기 4코, 코늘리기 1회, 짧은뜨기 7코, 코늘리기 1회. [54코]

13단: 짧은뜨기 14코 / 크림-짧은뜨기 10코 / 베이지-짧은뜨기 5코 / 크림-짧은뜨기 10코 / 베이지-짧은뜨기 15코. [54코]
14~15단(2단): 짧은뜨기 14코 / 크림-짧은뜨기 11코 / 베이지-짧은뜨기 3코 / 크림-짧은뜨기 11코 / 베이지-짧은뜨기 15코. [54코]
16단: 짧은뜨기 14코 / 크림-짧은뜨기 25코 / 베이지-짧은뜨기 15코. [54코]
17단: 짧은뜨기 8코, 코늘리기 1회, 짧은뜨기 5코 / 크림-짧은뜨기 3코, (코늘리기 1회, 짧은뜨기 8코)×2회, 코늘리기 1회, 짧은뜨기 3코 / 베이지-짧은뜨기 5코, 코늘리기 1회, 짧은뜨기 8코, 코늘리기 1회. [60코]
18단: 짧은뜨기 4코, 코늘리기 1회, 짧은뜨기 9코, 코늘리기 1회 / 크림-(짧은뜨기 9코, 코늘리기 1회)×2회, 짧은뜨기 8코 / 베이지-짧은뜨기 1코, 코늘리기 1회, 짧은뜨기 9코, 코늘리기 1회, 짧은뜨기 5코. [66코]
19단: 짧은뜨기 9코, 코줄이기 1회, 짧은뜨기 6코 / 크림-짧은뜨기 3코, 코줄이기 1회, (짧은뜨기 9코, 코줄이기 1회)×2회, 짧은뜨기 3코 / 베이지-짧은뜨기 6코, 코줄이기 1회, 짧은뜨기 9코, 코줄이기 1회. [60코]

20단: 짧은뜨기 4코, 코줄이기 1회, 짧은뜨기 8코, 코줄이기 1회 / 크림-(짧은뜨기 8코, 코줄이기 1회)×2회, 짧은뜨기 7코 / 베이지-짧은뜨기 1코, 코줄이기 1회, 짧은뜨기 8코, 코줄이기 1회, 짧은뜨기 4코. [54코]

21단: 짧은뜨기 7코, 코줄이기 1회, 짧은뜨기 5코 / 크림-짧은뜨기 2코, 코줄이기 1회, (짧은뜨기 7코, 코줄이기 1회)×2회, 짧은뜨기 3코 / 베이지-짧은뜨기 4코, 코줄이기 1회, 짧은뜨기 7코, 코줄이기 1회. [48코]

22단: 짧은뜨기 3코, 코줄이기 1회, 짧은뜨기 6코, 코줄이기 1회 / 크림-(짧은뜨기 6코, 코줄이기 1회)×2회, 짧은뜨기 6코 / 베이지-코줄이기 1회, 짧은뜨기 6코, 코줄이기 1회, 짧은뜨기 3코. [42코]

23단: 짧은뜨기 5코, 코줄이기 1회, 짧은뜨기 4코 / 크림-짧은뜨기 1코, 코줄이기 1회, (짧은뜨기 5코, 코줄이기 1회)×2회, 짧은뜨기 3코 / 베이지-짧은뜨기 2코, 코줄이기 1회, 짧은뜨기 5코, 코줄이기 1회. [36코]

24단: 짧은뜨기 2코, 코줄이기 1회, 짧은뜨기 4코, 코줄이기 1회 / 크림-(짧은뜨기 4코, 코줄이기 1회)×2회, 짧은뜨기 4코 / 베이지-코줄이기 1회, 짧은뜨기 4코, 코줄이기 1회, 짧은뜨기 2코. [30코]

25단: 짧은뜨기 3코, 코줄이기 1회, 짧은뜨기 3코 / 크림-코줄이기 1회, (짧은뜨기 3코, 코줄이기 1회)×2회, 짧은뜨기 2코 / 베이지-짧은뜨기 1코, 코줄이기 1회, 짧은뜨기 3코, 코줄이기 1회. [24코]

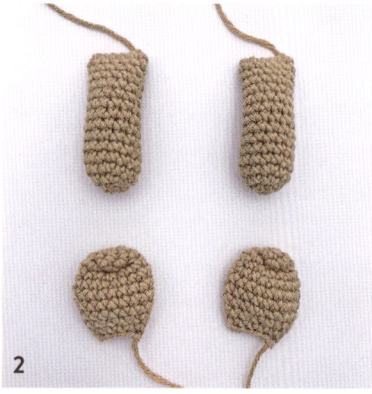

빼기 1코로 닫고, 바느질할 실을 충분히 남기고 자른다.

머리 15단과 16단 사이에 9코 간격으로 두 눈을 단다. 눈이 크림색 부분에 위치하는지 다시 한번 확인한다.

머리에 충전재를 채운다.

갈색 실로 두 눈 사이에 코를, 머리 위에 작은 선들을 수놓는다(**1**).

귀(베이지, 2개)
1단: 매직링에 짧은뜨기. [6코]
2단: 코늘리기 6회. [12코]
3단: 빼뜨기 3코, 짧은뜨기 9코. [12코]
4단: (짧은뜨기 1코, 코늘리기 1회)×6회. [18코]
5~8단(4단): 각각의 코에 짧은뜨기 1코. [18코]
9단: (짧은뜨기 1코, 코줄이기 1회)×6회. [12코]

귀를 핀으로 납작하게 고정하고 열린 부분을 맞물려 코들을 나란히 맞춘다. 크림색 부분이 가운데 있는지 확인한다. 마주 보는 2코씩 짧은뜨기로 차례로 닫아준다. [6코]

바느질할 실을 충분히 남기고 자른다(**2**).

팔(베이지, 2개)
1단: 매직링에 짧은뜨기 6코. [6코]
2단: 코늘리기 6회. [12코]
3단: (짧은뜨기 3코, 코늘리기 1회)×3회. [15코]
4~5단(2단): 각각의 코에 짧은뜨기 1코. [15코]
6단: 코줄이기 2회, 짧은뜨기 11코. [13코]
7단: 코줄이기 1회, 짧은뜨기 11코. [12코]
8~14단(7단): 각각의 코에 짧은뜨기 1코. [12코]

팔에 충전재를 가볍게 채운다.

팔을 핀으로 납작하게 고정하고 열린 부분을 맞물려 코들을 나란히 맞춘다. 마주 보는 2코씩 짧은뜨기로 차례로 닫아준다. [6코]

바느질할 실을 충분히 남기고 자른다 (2).

다리(베이지, 2개)

1단: 매직링에 짧은뜨기 6코. [6코]
2단: 코늘리기 6회. [12코]
3단: (짧은뜨기 3코, 코늘리기 1회)×3회. [15코]
4~8단(5단): 각각의 코에 짧은뜨기 1코. [15코]

첫 번째 다리를 뜬 후에는 실을 자르지만 두 번째 다리를 뜬 후에는 자르지 않고 남겨둔다. 남겨둔 실은 두 다리를 연결하고 이어서 몸통을 뜨는 데 사용된다.

몸통(베이지로 시작)

연결한 두 다리에 이어서 뜬다.

두 번째 다리에서 시작한다. 사슬뜨기 3코를 뜬 후(3) 짧은뜨기 1코로 첫 번째 다리에 잇는다(4). 이 짧은뜨기 코는 몸통의 첫 코가 된다.
1단: 첫 번째 다리 각각의 코에 짧은뜨기 1코, 사슬뜨기 3코 각각의 앞 반코마다 짧은뜨기 1코. 두 번째 다리 각각의 코에 짧은뜨기 1코, 사슬뜨기 3코 각각의 다른 반코에 짧은뜨기 1코. [36코]
2단: (짧은뜨기 5코, 코늘리기 1회)×6회. [42코]
3~6단(4단): 각각의 코에 짧은뜨기 1코. [42코]

다리와 몸통에 충전재를 채우기 시작하고 뜨개질을 하면서 계속 보충한다.

7단: (짧은뜨기 5코, 코늘리기 1회)×7회. [49코]

7단 끝에서 갈색 실을 건다. 여기서부터 끝까지 갈색 2단, 오렌지색 2단, 노란색 2단을 번갈아 가며 뜬다.

8단: 뒤 반코에 뜬다. 각각의 코에 짧은뜨기 1코. [49코]
9~11단(3단): 각각의 코에 짧은뜨기 1코. [49코]
12단: (짧은뜨기 5코, 코줄이기 1회)×7회. [42코]
13~15단(3단): 각각의 코에 짧은뜨기 1코. [42코]
16단: (짧은뜨기 5코, 코줄이기 1회)×6회. [36코]
17~19단(3단): 각각의 코에 짧은뜨기 1코. [36코]
20단: (짧은뜨기 4코, 코줄이기 1회)×6회. [30코]
21~23단(3단): 각각의 코에 짧은뜨기 1코. [30코]
24단: (짧은뜨기 3코, 코줄이기 1회)×6회. [24코]
25단: 각각의 코에 짧은뜨기 1코. [24코]

빼뜨기 1코로 닫고, 바느질할 실을 충분히 남기고 자른다.

옷 디테일은 옆 박스를 참조한다.

옷 디테일

몸통을 거꾸로 놓고 7단의 앞 반코에 뜬다. 단의 마지막 코에 바늘을 넣고 갈색 실을 걸어(5) 각각의 코에 빼뜨기 1코를 뜬다. 실을 자르고 남은 실을 정리한다.

꼬리[베이지]

1단: 매직링에 짧은뜨기 8코. [8코]
2단: 코늘리기 8회. [16코]
3단: (짧은뜨기 1코, 코늘리기 1회)×8회. [24코]
4단: (짧은뜨기 2코, 코늘리기 1회)×8회. [32코]
5단: 짧은뜨기 1코, 코늘리기 1회, (짧은뜨기 3코, 코늘리기 1회)×7회, 짧은뜨기 2코. [40코]
6단: (짧은뜨기 4코, 코늘리기 1회)×8회. [48코]
7~11단(5단): 각각의 코에 짧은뜨기 1코. [48코]

꼬리를 두 부분으로 구분하기 위해 24코를 건너뛴다.

꼬리 끝부분

12단: 24코를 건너뛴다(6). (짧은뜨기 4코, 코줄이기 1회)×4회. [20코]
13단: 각각의 코에 짧은뜨기 1코. [20코]
14단: (짧은뜨기 3코, 코줄이기 1회)×4회. [16코]
15단: 각각의 코에 짧은뜨기 1코. [16코]
16단: (짧은뜨기 2코, 코줄이기 1회)×4회. [12코]
17단: 코줄이기 6회. [6코]

실을 자르고 남은 코를 닫는다.

꼬리 시작부분

11단의 남은 부분에서 시작하면서 베이지색 실을 건다(7).

12~17단(6단): 각각의 코에 짧은뜨기 1코. [24코]

꼬리의 끝부분에 충전재를 채우기 시작하고 뜨개질을 하면서 계속 보충한다.

18단: (짧은뜨기 4코, 코줄이기 1회)×4회. [20코]
19~24단(6단): 각각의 코에 짧은뜨기 1코. [20코]
25단: (짧은뜨기 3코, 코줄이기 1회)×4회. [16코]
26단: 각각의 코에 짧은뜨기 1코. [16코]

빼뜨기 1코로 닫고, 바느질할 실을 충분히 남기고 자른다.

꼬리의 두 부분 사이에 구멍이 생겼으면 베이지색 실로 가려준다(8, 9).

연결하기

머리 양쪽, 6단과 9단 사이에 귀를 연결한다(10, 11).

뺨과 코에 블러셔를 바른다(12).

몸통의 마지막 단에서 4단 위에 팔을 연결한다.

머리를 연결하고 충전재를 꼼꼼히 채운 후 완전히 닫는다(13).

꼬리 마지막 단의 열린 부분을 눌러 맞물리고 바느질한다(14). 등을 따라 꼬리를 연결한다(15, 16).

액세서리[녹색]

목도리

시작코로 사슬뜨기 101코를 뜬다. 시작코를 중심으로 왕복 뜨기한다.

바늘에서 두 번째 코부터 뜨기 시작한다. 코늘리기 1회, 다음 98코 각각에 짧은뜨기 1코, 마지막 코에 짧은뜨기 3코. 맞은편도 이어서 뜬다. 99코 각각에 짧은뜨기 1코. 빼뜨기 1코로 닫기. [202코]

실을 자르고 남은 실을 정리한다(18).

가방

1단: 매직링에 짧은뜨기 8코. [8코]
2단: 코늘리기 8회. [16코]
3~6단(4단): 각각의 코에 짧은뜨기 1코. [16코]
7단: 각각의 코에 빼뜨기 1코. [16코]

7단 끝에서 사슬뜨기 40코를 뜬다.

바느질할 실을 충분히 남기고 자른다.

가방끈의 끝을 가방의 다른 쪽에 바느질로 연결한다(17).

노란색 실로 가방 위에 작은 하트를 수놓는다(18).

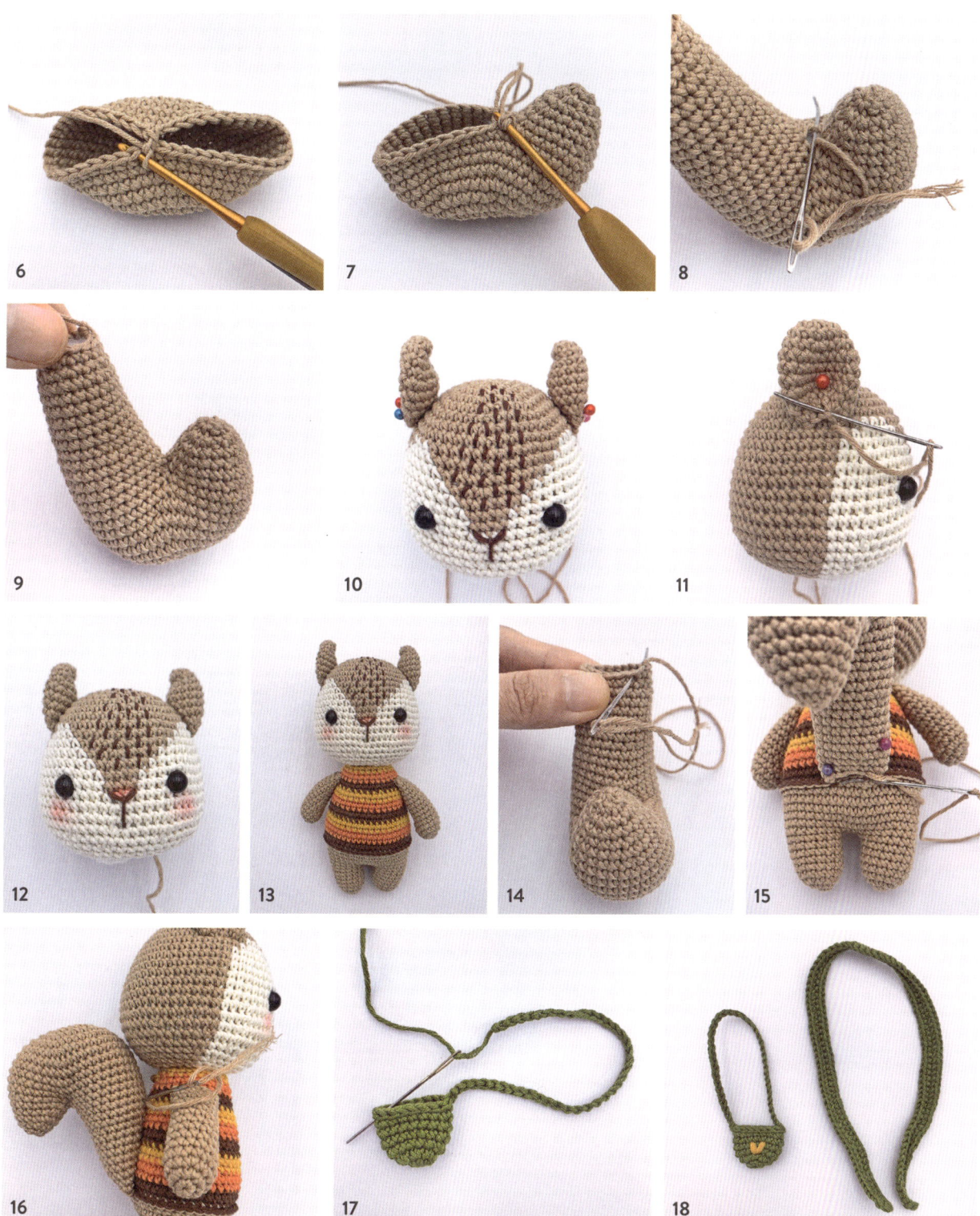

거북이 테오 THEO

난이도
★★★

크기: 13cm

재료
• 기본 키트(9쪽 참조)
• 2.5mm 코바늘
• 8mm 나사눈 2개

실
• 해피코튼(DMC)
 - 752 카키(2타래)
 - 778 연녹색(1타래)
 - 780 녹색(1타래)
 - 794 노랑(1타래)
• 진갈색 자수실

테오네 반은 오늘 소풍을 간대. 테오는 친구들과 함께 처음 가보는 공원에 갈 생각에 들떠 있어. 아침 일찍 일어나서 점심 도시락도 준비했지. 엄마는 테오에게 모자 쓰는 것을 잊지 말라고 하셨어. 정말 멋진 날이 될 거야!

머리[연녹색]

1단: 매직링에 짧은뜨기 8코. [8코]

2단: 코늘리기 8회. [16코]

3단: (짧은뜨기 1코, 코늘리기 1회)×8회. [24코]

4단: (짧은뜨기 2코, 코늘리기 1회)×8회. [32코]

5단: (짧은뜨기 3코, 코늘리기 1회)×8회. [40코]

6단: 각각의 코에 짧은뜨기 1코. [40코]

7단: (짧은뜨기 4코, 코늘리기 1회)×8회. [48코]

8~13단(6코): 각각의 코에 짧은뜨기 1코. [48코]

14단: (짧은뜨기 5코, 코늘리기 1회)×8회. [56코]

15~18단(4단): 각각의 코에 짧은뜨기 1코. [56코]

19단: (짧은뜨기 5코, 코줄이기 1회)×8회. [48코]

20단: 짧은뜨기 2코, 코줄이기 1회, (짧은뜨기 4코, 코줄이기 1회)×7회, 짧은뜨기 2코. [40코]

21단: (짧은뜨기 3코, 코줄이기 1회)×8회. [32코]

22단: (짧은뜨기 2코, 코줄이기 1회)×8회. [24코]

빼뜨기 1코로 닫고, 바느질할 실을 충분히 남기고 자른다.

머리 15단과 16단 사이에 9코 간격으로 두 눈을 달고 머리에 충전재를 채운다.

자수실로 두 눈 사이에 입을 수놓는다(1).

1

몸통(카키)

1단: 매직링에 짧은뜨기 8코. [8코]

2단: 코늘리기 8회. [16코]

3단: (짧은뜨기 1코, 코늘리기 1회)×8회. [24코]

4단: (짧은뜨기 2코, 코늘리기 1회)×8회. [32코]

5단: (짧은뜨기 3코, 코늘리기 1회)×8회. [40코]

6단: (짧은뜨기 2코, 코늘리기 1회)×5회, 짧은뜨기 25코. [45코]

반복되는 코(짧은뜨기 2코, 코늘리기 1회)가 몸통의 앞면, 즉 거북이의 배가 된다.

7~11단(5단): 각각의 코에 짧은뜨기 1코. [45코]

12단: (짧은뜨기 2코, 코줄이기 1회)×5회, 짧은뜨기 25코. [40코]

13~15단(3단): 각각의 코에 짧은뜨기 1코. [40코]

16단: (짧은뜨기 3코, 코줄이기 1회)×8회. [32코]

17~19단(3단): 각각의 코에 짧은뜨기 1코. [32코]

20단: (짧은뜨기 2코, 코줄이기 1회)×8회. [24코]

빼뜨기 1코로 닫고, 바느질할 실을 충분히 남기고 자른다.

몸통에 충전재를 채운다.

등껍질

등껍질의 바깥쪽(녹색)

1단: 매직링에 짧은뜨기 8코. [8코]

2단: 코늘리기 8회. [16코]

3단: (짧은뜨기 1코, 코늘리기 1회)×8회. [24코]

4단: (짧은뜨기 2코, 코늘리기 1회)×8회. [32코]

5단: (짧은뜨기 3코, 코늘리기 1회)×8회. [40코]

6단: 각각의 코에 짧은뜨기 1코. [40코]

7단: (짧은뜨기 4코, 코늘리기 1회)×8회. [48코]

8단: 각각의 코에 짧은뜨기 1코. [48코]

9단: (짧은뜨기 7코, 코늘리기 1회)×6회. [54코]

10단: 각각의 코에 짧은뜨기 1코. [54코]

11단: (짧은뜨기 17코, 코늘리기 1회)×3회. [57코]

12~13단(2단): 각각의 코에 짧은뜨기 1코. [57코]

실을 자른다.

등껍질의 안쪽(카키색)

1단: 매직링에 짧은뜨기 8코. [8코]

2단: 코늘리기 8회. [16코]

3단: (짧은뜨기 1코, 코늘리기 1회)×8회. [24코]

4단: (짧은뜨기 2코, 코늘리기 1회)×8회. [32코]

5단: (짧은뜨기 3코, 코늘리기 1회)×8회. [40코]

6단: (짧은뜨기 4코, 코늘리기 1회)×8회. [48코]

7단: (짧은뜨기 7코, 코늘리기 1회)×6회. [54코]

8단: (짧은뜨기 17코, 코늘리기 1회)×3회. [57코]

마지막 단을 뜨고 나서 실을 자르지 않는다. 이 실로 등껍질의 안과 밖, 양쪽을 함께 뜬다.

9단: 등껍질 바깥쪽과 안쪽의 이면이 서로 마주 보게 맞물리고, 바깥쪽의 13단 뒤 반코(녹색)와 안쪽의 8단 앞 반코(카키)를 함께 뜬다(2). 등껍질에 충전재를 채운 후 완전히 닫는다(3). 사슬뜨기 1코, 각각의 코에 짧은뜨기 1코. 빼뜨기 1코로 닫기. [57코]

10단: 등껍질 바깥쪽의 13단 앞 반코(녹색)와 안쪽의 9단 뒤 반코(카키)를 함께 뜬다(4). 사슬뜨기 1코, 각각의 코에 짧은뜨기 1코. 빼뜨기 1코로 닫기. [57코]

실을 자르고 남은 실을 정리한다.

노란색 실로 등껍질의 모티프를 나타내는 선을 수놓는다(5, 6).

팔[연녹색, 2개]
1단: 매직링에 짧은뜨기 6코. [6코]
2단: 코늘리기 6회. [12코]
3~7단(5단): 짧은뜨기 4코, 코늘리기 1회, 짧은뜨기 5코, 코줄이기 1회. [12코]

7단 끝에서 카키색 실을 건다.

8단: 짧은뜨기 4코, 코늘리기 1회, 짧은뜨기 5코, 코줄이기 1회. [12코]
9~10단(2단): 각각의 코에 짧은뜨기 1코. [12코]

팔에 충전재를 가볍게 채운다.

팔을 핀으로 납작하게 고정하고 열린 부분을 맞물려 코들을 나란히 맞춘다. 마주 보는 2코씩 짧은뜨기로 차례로 닫아준다. [6코]

바느질할 실을 충분히 남기고 자른다(7).

다리[연녹색, 2개]
1단: 매직링에 짧은뜨기 8코. [8코]
2단: 코늘리기 8회. [16코]
3~6단(4단): 각각의 코에 짧은뜨기 1코. [16코]

6단 끝에서 카키색 실을 건다.

7~8단(2단): 각각의 코에 짧은뜨기 1코. [16코]
9단: (짧은뜨기 2코, 코줄이기 1회)×4회. [12코]

다리에 충전재를 가볍게 채운다.

다리를 핀으로 납작하게 고정하고 열린 부분을 맞물려 코들을 나란히 맞춘다. 마주 보는 2코씩 짧은뜨기로 차례로 닫아준다. [6코]

바느질할 실을 충분히 남기고 자른다(7).

작은 반점[녹색]

첫 번째 반점
매직링에 짧은뜨기 6코를 뜨고 빼뜨기 1코로 닫는다. [6코] 바느질할 실을 충분히 남기고 자른다.

두 번째 반점
매직링에 짧은뜨기 7코를 뜨고 빼뜨기 1코로 닫는다. [7코] 바느질할 실을 충분히 남기고 자른다.

세 번째 반점
매직링에 짧은뜨기 8코를 뜨고 빼뜨기 1코로 닫는다. [8코] 바느질할 실을 충분히 남기고 자른다.

모자[노랑]

첫 사슬뜨기 2코를 긴뜨기 1코로 센다.

1단: 매직링에 긴뜨기 12코. 빼뜨기 1코로 닫기. [12코]
2단: 사슬뜨기 2코, 각각의 코에 긴뜨기 2코. 빼뜨기 1코로 닫기. [24코]
3단: 사슬뜨기 2코, (긴뜨기 1코, 같은 코에 긴뜨기 2코)×12회. 빼뜨기 1코로 닫기. [36코]
4단: 사슬뜨기 2코, (긴뜨기 5코, 같은 코에 긴뜨기 2코)×6회. 빼뜨기 1코로 닫기. [42코]
5단: 사슬뜨기 2코, 긴뜨기 2코, 같은 코에 긴뜨기 2코, (긴뜨기 6코, 같은 코에 긴뜨기 2코)×5회, 긴뜨기 4코. 빼뜨기 1코로 닫기. [48코]
6단: 사슬뜨기 2코, (긴뜨기 15코, 같은 코에 긴뜨기 2코)×3회. 빼뜨기 1코로 닫기. [51코]
7~8단(2단): 사슬뜨기 2코, 각각의 코에 긴뜨기 1코. 빼뜨기 1코로 닫기. [51코]
9단: 앞 반코에 뜬다. 사슬뜨기 2코, (긴뜨기 2코, 같은 코에 긴뜨기 2코)×17회. 빼뜨기 1코로 닫기. [68코]
10단: 사슬뜨기 1코, 각각의 코에 짧은뜨기 1코. 빼뜨기 1코로 닫기. [68코]

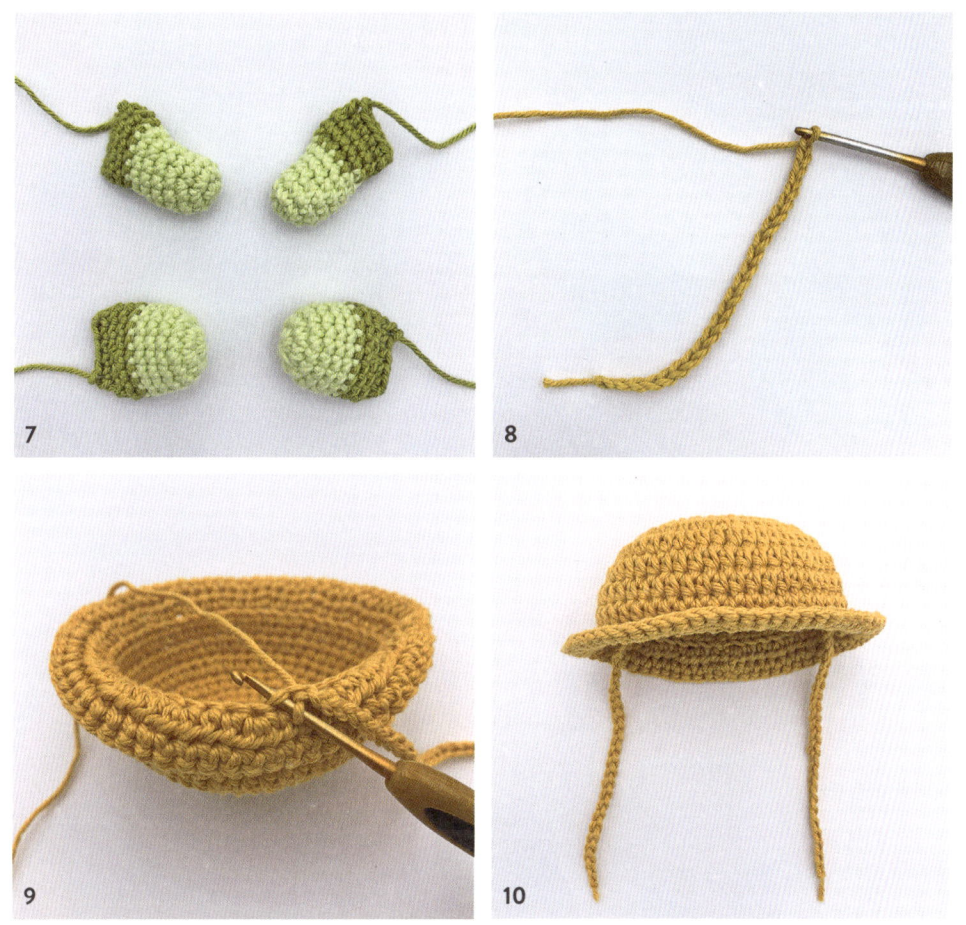

실을 자르고 남은 실을 정리한다.

모자끈[노랑]
사슬뜨기 24코를 뜬다(**8**). 모자의 8단 뒤 반코에 이
어서 뜬다(**9**). 빼뜨기 33코, 사슬뜨기 24코. 실을 자
른다(**10**).

연결하기

몸통에 머리를 바느질로 연결하고 충전재를 꼼꼼히 채운 후 완전히 닫는다.

목 아래에 팔을 연결하고(11) 바느질 몇 땀으로 팔을 몸통에 고정한다(12).

몸통 6단과 10단 사이에 다리를 연결하고(13) 바느질 몇 땀으로 다리를 몸통에 고정한다(14, 15).

세 개의 반점을 머리에 바느질해 붙인다(16).

등껍질을 연결한다(17).

뺨에 블러셔를 바른다.

레서판다 제다 ZEDA

사랑스러운 제다는 호기심이 넘치는 레서판다야. 너구리판다라고도 불리는 붉은 판다지. 제다는 아빠와 함께 숲을 걷는 것을 좋아해. 집에 돌아오면 엄마에게 몇 번이고 '세상은 정말 신기해요!'라고 말하지.

난이도
***

크기: 15cm

재료
• 기본 키트(9쪽 참조)
• 2.5mm 코바늘
• 8mm 나사눈 2개

실
• 해피코튼(DMC)
 - 761 크림(1타래)
 - 777 갈색(2타래)
 - 791 빨강(2타래)
• 진갈색 자수실

머리(빨강으로 시작)

1단: 매직링에 짧은뜨기 8코. [8코]

2단: 코늘리기 8회. [16코]

3단: (짧은뜨기 1코, 코늘리기 1회)×8회. [24코]

4단: (짧은뜨기 2코, 코늘리기 1회)×8회. [32코]

5단: (짧은뜨기 3코, 코늘리기 1회)×8회. [40코]

6단: 각각의 코에 짧은뜨기 1코. [40코]

7단: (짧은뜨기 4코, 코늘리기 1회)×8회. [48코]

8~11단(4단): 각각의 코에 짧은뜨기 1코. [48코]

12단: (짧은뜨기 7코, 코늘리기 1회)×6회. [54코]

13단: 각각의 코에 짧은뜨기 1코. [54코]

14단: 짧은뜨기 12코, 코늘리기 2회, 짧은뜨기 5코 / 크림-짧은뜨기 3코 / 빨강-짧은뜨기 9코 / 크림-짧은뜨기 3코 / 빨강-짧은뜨기 5코, 코늘리기 2회, 짧은뜨기 13코. [58코]

15단: 짧은뜨기 12코, 코늘리기 1회, 짧은뜨기 2코, 코늘리기 1회, 짧은뜨기 4코 / 크림-짧은뜨기 4코 / 갈색-짧은뜨기 9코 / 크림-짧은뜨기 4코 / 빨강-짧은뜨기 4코, 코늘리기 1회, 짧은뜨기 2코, 코늘리기 1회, 짧은뜨기 13코. [62코]

16단: 짧은뜨기 14코, 코줄이기 1회, 짧은뜨기 5코 / 크림-짧은뜨기 4코 / 갈색-짧은뜨기 11코 / 크림-짧은뜨기 4코 / 빨강-짧은뜨기 5코, 코줄이기 1회, 짧은뜨기 15코. [60코]

17단: 짧은뜨기 19코 / 크림-짧은뜨기 4코 / 갈색-짧은뜨기 13코 / 크림-짧은뜨기 4코 / 빨강-짧은뜨기 20코. [60코]

18단: 짧은뜨기 18코 / 크림-짧은뜨기 4코 / 갈색-짧은뜨기 15코 / 크림-짧은뜨기 4코 / 빨강-짧은뜨기 19코. [60코]

19단: (짧은뜨기 4코, 코줄이기 1회)×3회 / 크림-짧은뜨기 4코 / 갈색-(코줄이기 1회, 짧은뜨기 4코)×2회, 코줄이기 1회, 짧은뜨기 1코 / 크림-짧은뜨기 3코, 코줄이기 1회 / 빨강-(짧은뜨기 4코, 코줄이기 1회)×3회. [50코]

20단: 짧은뜨기 16코 / 크림-짧은뜨기 4코 / 갈색-짧은뜨기 3코 / 크림-짧은뜨기 4코 / 갈색-짧은뜨기 3코 / 크림-짧은뜨기 4코 / 빨강-짧은뜨기 16코. [50코]

21단: 짧은뜨기 17코 / 크림-짧은뜨기 4코 갈색-짧은뜨기 2코 / 크림-짧은뜨기 4코 / 갈색-짧은뜨기 2코 / 크림-짧은뜨기 4코 / 빨강-짧은뜨기 17코. [50코]

22단: (짧은뜨기 3코, 코줄이기 1회)×3회, 짧은뜨기 3코 / 크림-코줄이기 1회, 짧은뜨기 1코 / 갈색-짧은뜨기 2코 / 크림-코줄이기 1회, 짧은뜨기 2코 / 갈색-짧은뜨기 1코, 코줄이기 1회 / 크림-짧은뜨기 2코 / 빨강-짧은뜨기 1코, 코줄이기 1회, (짧은뜨기 3코, 코줄이기 1회)×3회. [40코]

1

2

머리 15단과 16단 사이에 7코 간격으로 두 눈을 단다. 두 눈이 흰색 부분과 갈색 부분 사이에 있는지 확인한다.

머리에 충전재를 채우기 시작하고 뜨개질을 하면서 계속 보충한다.

23단: (짧은뜨기 2코, 코줄이기 1회)×4회 / 크림-(짧은뜨기 2코, 코줄이기 1회)×2회, 짧은뜨기 1코 / 빨강-짧은뜨기 1코, 코줄이기 1회, (짧은뜨기 2코, 코줄이기 1회)×3회. [30코]

24단: (짧은뜨기 1코, 코줄이기 1회)×4회 / 크림-(짧은뜨기 1코, 코줄이기 1회)×2회, 짧은뜨기 1코 / 빨강-코줄이기 1회, (짧은뜨기 1코, 코줄이기 1회)×3회. [20코]

25단: 코줄이기 10회. [10코]

26단: (짧은뜨기 3코, 코줄이기 1회)×2회. [8코]

실을 자르고 남은 코를 닫는다.

크림색 실로 양쪽 눈 위에 눈썹을 수놓는다(**1**).

몸통[갈색으로 시작]

1단: 매직링에 짧은뜨기 8코. [8코]

2단: 코늘리기 8회. [16코]

3단: (짧은뜨기 1코, 코늘리기 1회)×8회. [24코]

4단: (짧은뜨기 2코, 코늘리기 1회)×8회. [32코]

5단: 짧은뜨기 1코, 코늘리기 1회, 짧은뜨기 3코 / 빨강-(코늘리기 1회, 짧은뜨기 3코)×5회, 코늘리기 1회 / 갈색-짧은뜨기 3코, 코늘리기 1회, 짧은뜨기 2코. [40코]

6단: 짧은뜨기 6코 / 빨강-짧은뜨기 3코, 코늘리기 1회, 짧은뜨기 19코, 코늘리기 1회, 짧은뜨기 3코 / 갈색-짧은뜨기 7코. [42코]

7~8단(2단): 짧은뜨기 6코 / 빨강-짧은뜨기 29코 / 갈색-짧은뜨기 7코. [42코]

9단: 짧은뜨기 6코 / 빨강-3코, 코늘리기 2회, 짧은뜨기 19코, 코늘리기 2회, 짧은뜨기 3코 / 갈색-짧은뜨기 7코. [46코]

10단: 짧은뜨기 6코 / 빨강-짧은뜨기 33코 / 갈색-짧은뜨기 7코. [46코]

11단: 짧은뜨기 6코 / 빨강-짧은뜨기 4코, 코늘리기 2회, 짧은뜨기 21코, 코늘리기 2회, 짧은뜨기 4코 / 갈색-짧은뜨기 7코. [50코]

12단: 짧은뜨기 6코 / 빨강-짧은뜨기 5코, 코줄이기 1회, 짧은뜨기 23코, 코줄이기 1회, 짧은뜨기 5코 / 갈색-짧은뜨기 7코. [48코]

13~14단(2단): 짧은뜨기 6코 / 빨강-짧은뜨기 35코 / 갈색-짧은뜨기 7코. [48코]

15단: 짧은뜨기 6코 / 빨강-짧은뜨기 5코, (코줄이기 1회, 짧은뜨기 4코)×5회 / 갈색-짧은뜨기 7코. [43코]

16~17단(2단): 짧은뜨기 6코 / 빨강-짧은뜨기 30코 / 갈색-짧은뜨기 7코. [43코]

18단: 짧은뜨기 6코 / 빨강-짧은뜨기 9코, (코줄이기 1회, 짧은뜨기 3코)×3회, 짧은뜨기 6코 / 갈색-짧은뜨기 7코. [40코]

19~20단(2단): 짧은뜨기 6코 / 빨강-짧은뜨기 27코 / 갈색-짧은뜨기 7코. [40코]

21단: 짧은뜨기 6코 / 빨강-짧은뜨기 5코, (코줄이기 1회, 짧은뜨기 2코)×5회, 짧은뜨기 2코 / 갈색-짧은뜨기 7코. [35코]

22단: 짧은뜨기 6코 / 빨강-짧은뜨기 22코 / 갈색-짧은뜨기 7코. [35코]

23단 : 짧은뜨기 6코 / 빨강-(짧은뜨기 4코, 코줄이기 1회)×3회, 짧은뜨기 4코 / 갈색-짧은뜨기 7코. [32코]

24단 : 짧은뜨기 6코 / 빨강-짧은뜨기 26코. [32코]

25단 : (짧은뜨기 6코, 코줄이기 1회)×4회. [28코]

빼뜨기 1코로 닫고, 바느질할 실을 충분히 남기고 자른다.

몸통에 충전재를 채운다.

꼬리[갈색으로 시작]

1단 : 매직링에 짧은뜨기 6코. [6코]

2단 : 코늘리기 6회. [12코]

3단 : (짧은뜨기 1코, 코늘리기 1회)×6회. [18코]

4단 : (짧은뜨기 2코, 코늘리기 1회)×6회. [24코]

5단 : 각각의 코에 짧은뜨기 1코. [24코]

5단 끝에서 빨간색 실을 건다. 여기서부터 끝까지 빨강 2단과 갈색 1단을 번갈아 가며 뜬다.

6단 : 각각의 코에 짧은뜨기 1코. [24코]

7단 : (짧은뜨기 6코, 코줄이기 1회)×3회. [21코]

8~15단(8단) : 각각의 코에 짧은뜨기 1코. [21코]

16단 : (짧은뜨기 5코, 코줄이기 1회)×3회. [18코]

17~21단(5단) : 각각의 코에 짧은뜨기 1코. [18코]

22단 : (짧은뜨기 4코, 코줄이기 1회)×3회. [15코]

꼬리에 충전재를 채우기 시작하고 뜨개질을 하면서 계속 보충한다.

23~25단(3단) : 각각의 코에 짧은뜨기 1코. [15코]

26단 : (짧은뜨기 3코, 코줄이기 1회)×3회. [12코]

27단 : 각각의 코에 짧은뜨기 1코. [12코]

꼬리를 핀으로 납작하게 고정하고 열린 부분을 맞물려 코들을 나란히 맞춘다(2). 마주 보는 2코씩 짧은뜨기로 차례로 닫아준다. [6코]

바느질할 실을 충분히 남기고 자른다(3).

3

앞다리[갈색, 2개]

1단 : 매직링에 짧은뜨기 6코. [6코]

2단 : 코늘리기 6회. [12코]

3단 : (짧은뜨기 1코, 코늘리기 1회)×6회. [18코]

4~5단(2단) : 각각의 코에 짧은뜨기 1코 [18코]

6단 : 코줄이기 1회, 짧은뜨기 16코. [17코]

7단 : 코줄이기 1회, 짧은뜨기 15코. [16코]

8단 : 코줄이기 1회, 짧은뜨기 14코. [15코]

9~15단(7단) : 각각의 코에 짧은뜨기 1코. [15코]

앞다리에 충전재를 채운다.

앞다리를 핀으로 납작하게 고정하고 열린 부분을 맞물려 코들을 나란히 맞춘다. 마주 보는 2코씩 짧은뜨기로 차례로 닫아준다. [7코]

바느질할 실을 충분히 남기고 자른다.

크림색 실로 발톱을 수놓는다(4).

4

5

6

7

뒷다리[갈색, 2개]

1단: 매직링에 짧은뜨기 6코. [6코]

2단: 코늘리기 6회. [12코]

3단: (짧은뜨기 1코, 코늘리기 1회)×6회. [18코]

4~5단(2단): 각각의 코에 짧은뜨기 1코 [18코]

6단: 코줄이기 1회, 짧은뜨기 16코. [17코]

7단: 코줄이기 1회, 짧은뜨기 15코. [16코]

8~16코(9단): 각각의 코에 짧은뜨기 1코. [16코]

17단: 짧은뜨기 7코. [7코]

이 단은 여기서 멈추고 나머지 9코는 그대로 둔다.

다리에 충전재를 채운다.

뒷다리를 핀으로 납작하게 고정하고 열린 부분을 맞물려 코들을 나란히 맞춘다. 마주 보는 2코씩 짧은뜨기로 차례로 닫아준다. [8코]

바느질할 실을 충분히 남기고 자른다.

크림색 실로 발톱을 수놓는다(4).

주둥이[크림]

1단: 매직링에 짧은뜨기 6코. [6코]

2단: (코늘리기 1회, 짧은뜨기 1코)×3회. [9코]

3단: (코늘리기 1회, 짧은뜨기 2코)×3회. [12코]

4단: (같은 코에 짧은뜨기 3코, 짧은뜨기 3코)×3회. [18코]

5단: 각각의 코에 짧은뜨기 1코. [18코]

빼뜨기 1코로 닫고, 바느질할 실을 충분히 남기고 자른다.

진갈색 실로 주둥이에 코를 수놓는다(5).

귀[크림으로 시작, 2개]

1단: 매직링에 짧은뜨기 6코. [6코]

2단: (코늘리기 1회, 짧은뜨기 1코)×3회. [9코]

3단: 코늘리기 1회, 짧은뜨기 2코, 코늘리기 1회 / 갈색-짧은뜨기 1코 / 크림-짧은뜨기 1코, 코늘리기 1회 / 갈색-짧은뜨기 2코. [12코]

4단: 짧은뜨기 3코 / 크림-짧은뜨기 2코 / 갈색-짧은뜨기 3코 / 크림-짧은뜨기 2코 / 갈색-짧은뜨기 2코. [12코]

5단: 짧은뜨기 2코, 코늘리기 1회 / 크림-짧은뜨기 2코 / 갈색-짧은뜨기 1코, 코늘리기 1회, 짧은뜨기 1코 / 크림-짧은뜨기 2코 / 갈색-코늘리기 1회, 짧은뜨기 1코. [15코]

6단: 짧은뜨기 4코 / 크림-코늘리기 1회, 짧은뜨기 1코 / 갈색-짧은뜨기 4코 / 크림-코늘리기 1회, 짧은뜨기 1코 / 갈색-짧은뜨기 3코. [17코]

빼뜨기 1코로 닫고, 바느질할 실을 충분히 남기고 자른다(6).

8

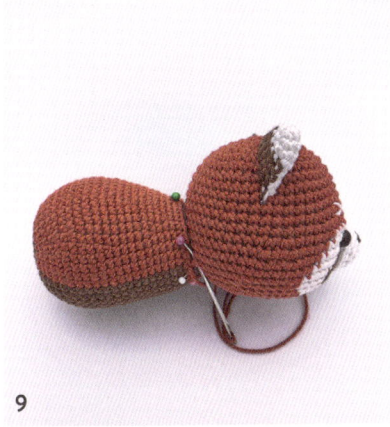

9

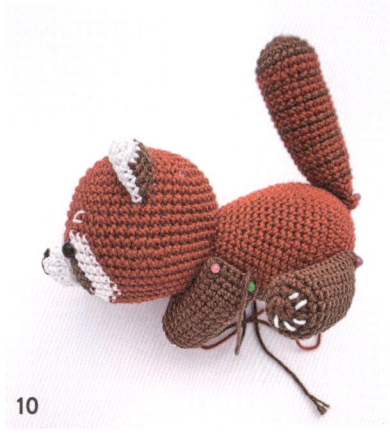

10

11

연결하기

주둥이를 얼굴 가운데에 연결하고 충전
재를 채운 후 머리를 완전히 닫는다.

머리의 4단과 10단 사이에 귀를 연결한
다(**7**, **8**).

핀으로 머리의 12단과 20단 높이에 몸
통을 고정하고 바느질로 연결한다(**9**).

핀으로 다리와 꼬리를 몸통에 고정하고
(**10**, **11**) 바느질로 연결한다.

감사의 말

코바늘 뜨개질을 시작하게 해주고 늘 에너지와 열정, 어린아이의 소중한 눈길로 일상을 채워주는 가장 깊은 영감의 원천인 딸 안나에게 누구보다 고맙다는 말을 하고 싶어요.

코바늘도 잡을 줄 모르다가 점점 익숙해져서 이 책을 쓰는 것을 도와주기까지 한 남편 바티스트! 내게 자유시간이 필요할 때마다 기꺼이 집안일을 도맡아줘서 고마워요.

이 새로운 책을 쓸 수 있도록 기회를 주고 놀라울 정도로 신뢰해준 에이롤 출판사의 모든 관계자에게도 감사의 말을 전합니다. 여러분의 지원이 없었다면 절대로 이 프로젝트를 끝까지 해낼 수 없었을 거예요. 특히 따뜻한 조언과 좋은 충고로 처음부터 끝까지 옆에서 도와준 오드와 안리즈, 마리아에게 감사해요.

제가 창조성을 마음껏 발휘할 수 있도록 실을 아낌없이 제공해준 프랑스 DMC사에도 감사의 말을 전합니다.

마지막으로 독자 여러분 감사합니다. 손뜨개를 사랑하는 여러분이 아니었다면 저는 이 자리에 없었을 거예요. 저와 열정을 나누고 이 모험에 함께해주셔서 감사해요.

코바늘로 만드는 손뜨개 인형 15

쿡 케이의 사랑스러운 동물친구들

초판 1쇄 발행   2021년 11월 30일
초판 2쇄 발행   2023년 1월 30일

지은이   쿡 케이
옮긴이   김수영
감 수   정혜진
펴낸이   최정이

펴낸곳   지금이책
주소   경기도 고양시 일산서구 킨텍스로 410
전화   070-8229-3755
팩스   0303-3130-3753
이메일   now_book@naver.com
블로그   blog.naver.com/now_book
인스타그램 nowbooks_pub
등록   제2015-000174호

ISBN   979-11-88554-53-9 (13630)